ET SI ON JOUAIT?

Le jeu durant l'enfance et pour toute la vie

La Collection de l'Hôpital Sainte-Justine
pour les parents

Et si on jouait?

Le jeu durant l'enfance et pour toute la vie

Francine Ferland

Éditions de l'Hôpital Sainte-Justine

Centre hospitalier universitaire mère-enfant

Catalogage avant publication de la Bibliothèque nationale du Canada

Ferland, Francine

Et si on jouait? : le jeu durant l'enfance et pour toute la vie

2ᵉ éd. rev. et augm.

(Collection de l'Hôpital Sainte-Justine pour les parents)
Comprend des réf. bibliogr.

ISBN 2-89619-035-X

1. Jeu chez l'enfant. 2. Enfants - Développement. 3. Éducation des enfants.
4. Parents et enfants. 5. Jeu - Aspect social. I. Titre. II. Collection.

HQ782.F47 2005   649'.5   C2005-941620-3

Illustration de la couverture : Yayo

Infographie : Folio infographie

Diffusion-Distribution au Québec : Prologue inc.
                           en France : CEDIF (diffusion) – Casteilla (distribution)
                           en Belgique et au Luxembourg : S.A. Vander
                           en Suisse : Servidis S.A.

Éditions de l'Hôpital Sainte-Justine (CHU mère-enfant)
3175, chemin de la Côte-Sainte-Catherine
Montréal (Québec) H3T 1C5
Téléphone : (514) 345-4671
Télécopieur : (514) 345-4631
www.hsj.qc.ca/editions

Dépôt légal : Bibliothèque nationale du Québec, 2005
                     Bibliothèque nationale du Canada, 2005

À Maurice, précieux partenaire de vie.

*À Sébastien et à Jean-Philippe,
mes professeurs de jeu d'il y a 30 ans,
qui, grâce à Mireille et à Émilie,
m'ont donné de nouveaux professeurs de jeu :
Gabriel, Maude, Florence et Camélia.*

Remerciements

▼

Diverses personnes avaient apporté leur contribution à la première édition de cet ouvrage et elles méritent encore mes plus chaleureux remerciements. Merci de tout cœur à :

Sébastien, mon fils aîné, qui a été mon lecteur des premières heures et qui m'a fourni plusieurs exemples tirés de sa vie de père ;

Johanne Filiatrault et son conjoint, Benoît Pelletier, pour leur créativité débordante ;

Pierre-Yves Therriault et Colette Dion-Hubert, pour leurs conseils ergonomiques ;

Louise Getty, pour les précisions relatives aux jouets sonores ;

Micheline Saint-Jean, collègue et amie, pour ses suggestions tout au long de la rédaction de l'ouvrage et plus particulièrement lors de la révision du manuscrit initial ;

Paulette Lelièvre et Marie-Claude Béliveau pour leurs précieux commentaires lors de la pré-lecture du manuscrit.

Sans ces personnes, le livre aurait peut-être quand même vu le jour, mais il aurait été certainement moins complet et moins précis.

Pour cette deuxième édition, des remerciements additionnels vont à :

Patrick Major, Adèle Morazin-Leroux et Nathalie Valois, tous trois ergothérapeutes, avec qui j'ai eu le bonheur de travailler sur le thème du jeu pour un projet et qui ont alimenté encore davantage ma réflexion, particulièrement pour le nouveau chapitre « Des difficultés au jeu » ;

Sylvie Bourcier, consultante en petite enfance et Martine Bouffange, directrice pédagogique du CPE « Chez nous, c'est chez vous » à Laval, pour leur générosité à partager leurs connaissances et compétences relatives aux Centres de la petite enfance ;

tous les lecteurs de la première édition, tant européens que québécois, qui ont manifesté un vif intérêt pour ce sujet et, de la sorte, m'ont encouragée à approfondir davantage le thème du jeu.

Enfin des remerciements particuliers vont à :

Luc Bégin, directeur des Éditions de l'Hôpital Sainte-Justine et Marise Labrecque qui en est l'éditrice, pour leur soutien constant, leur enthousiasme et leur professionnalisme.

Qui pourra prétendre qu'écrire est une activité solitaire ?

TABLE DES MATIÈRES

▼

Avant-propos

▼

La première édition de *Et si on jouait?* est parue en 2002. Pour mon plus grand bonheur, elle a été traduite en arabe en 2003[1] et en espagnol en 2005[2], ce qui, à mon avis, témoigne de l'universalité de ce thème.

Dans la présente édition, cinq nouveaux chapitres ont été ajoutés afin de cerner de façon plus complète le jeu chez l'enfant. Malgré ces ajouts, il serait prétentieux de ma part de penser que le jeu y est traité dans toute sa complexité et sa richesse.

Je souhaite toutefois que le contenu de cet ouvrage suscite intérêt et réflexion et surtout qu'il fasse naître chez vous le désir de redonner au jeu la place qu'il devrait toujours occuper dans le quotidien de tout jeune enfant.

Bonne lecture!

1. F. FERLAND. Édition arabe de *Et si on jouait? Le jeu chez l'enfant de la naissance à six ans.* Cap Rouge: Éditions 2 Continents, 2003. 206 p.

2. F. FERLAND. *Jugamos? El juego con ninas y ninos de 0-6 anos.* Traduction espagnole de *Et si on jouait? Le jeu chez l'enfant de la naissance à six ans.* Madrid: Ediciones Narcea, 2005. 141 p.

MESSAGE AUX ENFANTS

Soyez patients avec vos parents s'ils ne semblent pas comprendre votre plaisir à jouer ; ils peuvent avoir tout simplement oublié ce qui est amusant. N'y voyez pas de la mauvaise volonté de leur part : c'est probablement leur logique d'adulte qui les empêche de découvrir le vrai sens du jeu.

Ne vous étonnez pas qu'ils aient tendance à tout organiser pour vous, même vos jeux : cela part d'un bon sentiment. Ils veulent ce qu'il y a de mieux pour vous et, de peur de manquer leur coup, parfois ils en font trop.

Montrez-leur à quel point le jeu est utile dans votre vie. Les adultes ont besoin de voir des résultats ; l'efficacité et le rendement sont importants pour eux. Montrez-leur comment le jeu développe vos habiletés et vos connaissances, et comment il vous relie à eux.

Soyez leurs professeurs. Montrez-leur à s'amuser d'un rien et à rire de tout. Le jeu, c'est votre domaine de force ; faites-en bénéficier vos parents.

Aidez-les à retrouver leur imagination et leur spontanéité d'antan et faites-leur redécouvrir le plaisir du moment présent.

Devenez leur thérapeute et soignez leur stress en jouant avec eux.

INTRODUCTION

▼

*Le jeu peut faire la différence
entre un enfant qui s'ennuie
et un enfant épanoui.
Le jeu peut aussi faire la différence entre
un adulte qui subit le quotidien
et celui qui est ravi de le partager avec lui.*

Ferland, Major, Morazain-Leroux & Valois[1]

*Le jeu devrait être considéré comme l'activité
la plus sérieuse des enfants.*

Montaigne

Chez l'enfant, le jeu représente la vie en miniature autant que le rêve au quotidien. Source d'apprentissage sur différents plans, objet de plaisir, voie privilégiée pour interagir avec les autres, il représente l'activité la plus importante de l'enfance.

Intemporel, il se perpétue d'une génération à l'autre. Il était présent dans votre propre enfance ; il l'est aussi dans la vie de votre enfant. Toutefois, le jeu de ce dernier est différent, notamment à cause de changements sociaux, familiaux et technologiques.

Pour jouer, l'enfant a besoin de temps, d'espace, de matériel, de partenaires, mais surtout il a besoin que son environnement reconnaisse à cette activité l'importance qui lui revient. Il arrive fréquemment que l'adulte souffre de courte vue quand il regarde jouer un enfant ; il ne voit pas tout ce qui se passe dans le jeu. Au-delà des gestes posés, l'adulte ne décode pas aisément l'imagination, l'expression, le sentiment de maîtrise, les diverses habiletés, les attitudes particulières qui sont sollicités par l'activité ludique de l'enfant. En conséquence, il ne réalise pas ou sous-estime l'impact du jeu sur le développement global de l'enfant.

---

1. « Le jeu, c'est génial ! », trousse de sensibilisation à l'importance du jeu pour l'enfant et pour l'adulte. Montréal : CECOM, 2003. Vidéocassettes avec documents d'accompagnement.

Par ailleurs, plusieurs adultes se sentent démunis quand il s'agit de partager l'activité de jeu d'un jeune enfant. Ils ne savent pas comment jouer avec lui ou alors ils trouvent enfantin de se laisser aller à véritablement jouer.

Le présent ouvrage fait l'apologie du jeu et revendique, pour tous les enfants de moins de 6 ans, la place de choix qu'il devrait avoir dans leur vie. Pourquoi, comment, avec qui et avec quoi jouer, comment assurer la sécurité dans le jeu, comment aider l'enfant qui éprouve des difficultés à jouer? Autant de questions auxquelles nous apporterons des éléments de réponse. Nous présenterons également de nombreuses suggestions de matériel et d'activités de jeu en lien avec les caractéristiques de l'enfant à différents âges. Nous découvrirons que le jeu peut devenir un allié inestimable pour les parents et les éducateurs afin de faciliter leur quotidien avec l'enfant et le rendre plus agréable. Le dernier chapitre tentera de cerner ce que devient le jeu à l'âge scolaire, à l'adolescence et même à l'age adulte. Se pourrait-il que le jeu de l'enfant jette des bases précieuses pour toute la vie durant?

Jouer, c'est expérimenter le plaisir d'agir, c'est faire des découvertes en s'amusant. Quelle voie royale pour apprendre et quelle méthode éducative naturelle extraordinaire! Pour redonner au jeu la place qu'il devrait avoir durant l'enfance, encore faut-il le comprendre, le décoder et le favoriser chez l'enfant.

Tout au long de ces pages, nous essaierons de regarder cette activité prioritaire de l'enfance avec les yeux d'un enfant pour en découvrir le sens et la valeur. Partons donc à la découverte du jeu, cette super vitamine pour le développement et cette formidable école du plaisir et de la vie!

CHAPITRE 1

LE JEU DANS LA SOCIÉTÉ D'AUJOURD'HUI

▼

L'enfance a des manières de voir,
de penser, de sentir qui lui sont propres ;
rien n'est moins insensé que d'y vouloir
substituer les nôtres.

J.-J. Rousseau

Faute d'avoir eu l'occasion de se créer
un jardin secret très riche, l'enfant comptera
de plus en plus sur ses parents pour organiser
ses loisirs ou se tournera vers la télévision.

Bettelheim[1]

Le jeu, phénomène universel

Le jeu est un phénomène universel qu'on peut observer chez tous les enfants du monde mais aussi chez les petits des animaux, en particulier ceux à sang chaud. Bien que l'imagination soit uniquement humaine, le jeu est une caractéristique du règne animal. On peut observer de jeunes singes se livrer à des parties de saute-mouton, des écureuils s'amuser à des jeux de poursuite, des loutres faire des glissades. Plus près de vous, voyez le plaisir qu'a votre chaton à courir après une balle de laine, ou votre chiot à maltraiter votre pantoufle.

L'intérêt au jeu semble toutefois plus présent chez les mammifères dotés d'un gros cerveau et dont la croissance s'étend sur une longue période de temps, comme c'est le cas chez l'humain.

---

1. BETTELHEIM, B. *Pour être des parents acceptables – une psychanalyse du jeu*. Paris : Éditions Robert Laffont, 1988. p. 199.

Il n'est donc pas étonnant que parmi les être vivants, le petit de l'homme soit celui qui joue le plus longtemps et qui développe le jeu le plus complexe.

Bien qu'universel, le jeu ne se manifeste toutefois pas de la même façon chez tous les enfants du monde. Les jouets, la façon de jouer et le temps qui y est consacré peuvent différer d'un pays à l'autre. C'est néanmoins un phénomène qui perdure dans le temps et traverse les générations.

Le jeu, droit fondamental de l'enfant

Le jeu est un droit fondamental reconnu par la convention internationale sur les droits de l'enfant, ratifiée par l'ONU (Organisation des Nations Unies) en 1989. On y lit à l'article 31 : «Tout enfant a droit au repos et aux loisirs, de se livrer au jeu et à des activités récréatives propres à son âge […]». En conséquence, la société dans laquelle vit l'enfant devrait lui permettre d'exercer ce droit. Mais est-ce toujours le cas dans notre société ?

Le jeu dans notre société

Nous vivons dans un monde en changement constant qui valorise la rapidité en tout, la performance, la compétition et la réussite sociale. Les pressions qu'exerce cette frénésie de la performance atteignent aussi les parents et leurs jeunes enfants. En fait, dès le berceau, on a à l'égard de ces derniers des attentes de rendement; on souhaite qu'ils se développent rapidement, qu'ils fassent des apprentissages très précocement. De nos jours, la compétition commence dès la naissance. Que l'enfant soit le meilleur, le premier, qu'il soit précoce pour la marche, pour parler ou pour fonctionner dans un groupe, voilà qui ravira son entourage. On souhaite en quelque sorte que nos enfants vieillissent avant leur temps.

Dans la plupart des sociétés industrialisées misant sur la performance, une utilisation efficace du temps est également valorisée : il ne faut pas perdre son temps. Il faut même toujours aller de plus en plus vite et la course contre la montre est le lot de la plupart des adultes. La technologie offre d'ailleurs de nombreux moyens allant dans ce sens : lave-vaisselle, four à micro-ondes, téléphone portable, courrier électronique, agenda électronique... En conséquence, dans cette société préoccupée par le temps, le jeu a parfois mauvaise presse, étant perçu comme une activité futile et stérile, bref comme une perte de temps puisqu'il ne produit rien d'utile.

Enfin, notre société en est également une de surconsommation, misant sur les possessions matérielles comme voie vers le bonheur, et les enfants n'y échappent pas. Outre les vêtements, les meubles, les accessoires qui sont spécialement destinés aux enfants, le marketing du monde des jouets et la publicité sont aussi très présents dans la vie de l'enfant, qui sert d'intermédiaire pour délier la bourse des parents. Se laissant gagner par des publicités agressives, ces derniers peuvent en venir à considérer que plus leur enfant a de jouets, plus il a de chances d'être heureux et de bien se développer. Ainsi ils dépensent beaucoup d'argent pour l'achat de jouets, sans toujours reconnaître pour autant la valeur intrinsèque du jeu. Un jouet sophistiqué ou qu'on dit éducatif sera d'ailleurs présenté aux parents et perçu par eux comme étant supérieur à tous les autres.

Bref, notre société valorise peu le jeu de l'enfant puisqu'il ne vise ni la performance, ni une utilisation efficace de son temps.

Les préoccupations des parents d'aujourd'hui

Chez les parents, la pression sociale quant à la réussite de leur mission éducative est importante et induit chez eux une grande anxiété : ils se doivent d'être de super parents. Rajoutons à cela le sentiment de culpabilité que ressentent certains parents à faire garder leur enfant tous les jours par des personnes étrangères. Dans ce contexte, ils aspirent à offrir à leur enfant ce qu'il y a de mieux, d'autant plus qu'ils n'ont en moyenne qu'un ou deux enfants. La moyenne canadienne est de 1,6 enfant par famille et, selon l'Institut Vanier de la famille[2], 43 % des enfants canadiens sont des enfants uniques et 39 % ont un frère ou une sœur.

Pour offrir le meilleur à leur enfant et de peur de ne pas en faire assez, plusieurs parents misent alors sur des activités structurées, encadrées, dirigées vers un but précis, considérant

---

2. www.vifamily.ca/library/facts/facts_fr.html

que l'enfant est susceptible d'y réaliser de nombreux apprentissages. Le jeune enfant sera inscrit à des cours (d'initiation à l'eau,
de karaté, de piano, de ski, de peinture, de danse...), ou dans
des équipes de sport (soccer, baseball, hockey...). On aura ainsi
l'impression de faire ce qu'il y a de mieux pour l'enfant sans se
rendre compte qu'on lui enlève du temps qui lui permettrait de
s'adonner en toute liberté à l'activité qui devrait être prédomi-
nante durant l'enfance : le jeu spontané.

La préoccupation pédagogique de l'adulte qui accompagne
l'enfant au quotidien est omniprésente et pour la réaliser, il se
donne le mandat de structurer toutes les activités de l'enfant, de
contrôler ses journées, même ses rares moments libres. N'est-ce
pas paradoxal d'agir ainsi quand on sait que la plupart des
parents souhaitent que leur enfant devienne autonome le plus
jeune possible, qu'il soit capable de décider, de choisir, de se
prendre en main ?

Par ailleurs, plusieurs des parents d'aujourd'hui ont peu
d'expérience préalable avec un enfant : souvent, le premier bébé
dont ils ont à s'occuper est le leur. Par contre, ils ont accès à
beaucoup de connaissances sur le développement de l'enfant,
bien plus qu'en avaient leurs propres parents. En effet, nombre
de recherches sont vulgarisées à leur intention et nombreux sont
les experts à leur proposer diverses méthodes éducatives, qui
sont parfois contradictoires. Toute cette information peut semer
une certaine confusion chez les parents ou alors leur donner
l'illusion qu'il existe une méthode précise pour être de bons
parents et, de la sorte, ajouter à la pression ressentie quant à la
réussite de leur mission éducative.

Les parents espèrent que leur enfant se développe rapidement,
ce qui les rassure quant à leur compétence parentale. En misant
sur le développement précoce de leur enfant, les parents se met-
tent beaucoup de pression sur les épaules et un tel contexte
entraîne aussi une dose importante de stress chez l'enfant.

On croit volontiers que plus le bébé fait des apprentissages tôt
dans le temps, plus il est intelligent et mieux il sera préparé pour
la vie. Certains reportages télévisés ou articles de magazines[3] ont,
depuis longtemps, montré de jeunes enfants sachant réaliser des

---

3. LAVER, R. « Bringing up babies », *Maclean's* 1985.

activités très au-dessus de leur âge : reconnaître très jeunes des toiles de grands maîtres, lire dès l'âge de 3 ans, se déplacer sur des barres parallèles à 2 ans, connaître tous les secrets de l'ordinateur ou jouer du violon à 4 ans. Il est possible d'apprendre ces choses à l'enfant mais nul ne peut affirmer que celui-ci réussira mieux sa vie ou sera plus heureux qu'un autre qui ferait ces apprentissages plus tard. Aucune étude ne l'a démontré. Les enfants ne deviennent pas de meilleurs adultes ou des adultes plus heureux quand on les transplante trop tôt dans le monde des grands.

Dans le même magazine qui rapportait des prouesses extra-ordinaires chez de très jeunes enfants, on retrouve quelque 20 ans plus tard un article[4] invitant les parents à laisser leurs enfants être des enfants. On y présente un mouvement de parents canadiens refusant de faire jouer des sonates de Mozart à leur enfant avant, pendant et après la naissance, et ayant décidé de faire passer le repas familial avant les pratiques de hockey et de miser sur le bien-être de leur enfant plutôt que de l'utiliser pour réaliser leurs propres ambitions. On y rappelle que Leonard Berstein n'a commencé à jouer du piano qu'à l'âge de 10 ans, que Einstein a parlé tard et était un étudiant médiocre et qu'en Scandinavie, avec un taux d'alphabétisation de 99 %, on ne commence l'apprentissage de la lecture qu'à 7 ans. Dans le même sens, on peut observer chez nous que l'enfant qui arrive à l'école sans expérience du monde de l'informatique rattrape aisément et rapidement le petit copain qui connaît l'ordinateur à la maison depuis quelques années.

Il est important de distinguer une saine stimulation qui éveille la curiosité des petits d'un bombardement de sensations qui mène à une excitation dépourvue de sens ou d'une scolarisation précoce qui tient plutôt, comme le dit Sylvie Bourcier[5], du gavage intellectuel. Depuis de nombreuses années d'ailleurs, on a identifié chez l'enfant les effets négatifs d'une stimulation excessive : de l'inattention, de l'agitation et des difficultés de concentration.

---

4. FERGUSON, S. « Stressed out ! », *Maclean's* 2004.

5. BOURCIER, S. « Attention - enfants sous tension ! », *Magazine Enfants Québec* octobre 2001.

Par ailleurs, rien n'assure que les apprentissages faits très tôt dans le développement aient les effets escomptés à long terme. À titre d'exemple, il a déjà été démontré que des adolescents de 16 ans qui avaient appris la lecture dès l'âge de 4 ans lisaient spontanément beaucoup moins que ceux qui avaient fait cet apprentissage vers 6 ou 7 ans. Peut-on voir là un effet de saturation ou de désintérêt chez l'enfant qui a commencé trop tôt ces apprentissages?

Le jeu dans nos familles

Dans nos familles, le jeu est souvent utilisé comme une activité que l'on pourrait qualifier de dépannage. Ainsi quand les parents sont occupés, ils disent à l'enfant: « Va jouer dans ta chambre: je dois préparer le repas. » De même quand l'enfant semble s'ennuyer, on lui dit: « Il me semble que tu as assez de jouets pour trouver quelque chose à faire. » Les jouets deviennent alors aussi objets de dépannage pour les parents. Le message qui est ainsi donné à l'enfant est le suivant: « Joue quand tu n'as rien à faire; joue pour t'occuper. » En d'autres mots, on lui dit que le jeu n'est ni très important, ni particulièrement intéressant.

Par ailleurs, quand les adultes participent au jeu de l'enfant, ils ont souvent du mal à ne pas en faire systématiquement une activité éducative. Partager une activité avec l'enfant pour le simple plaisir de la chose peut leur apparaître enfantin, frivole, inutile. Jouer avec l'enfant, que ce soit pour faire une course à quatre pattes avec lui dans la cour arrière, participer à une activité de déguisement, faire un bonhomme de neige, en gêne plusieurs: ils ont peur du jugement des autres.

Dans les familles d'aujourd'hui, le jeu n'a donc pas nécessairement une place prépondérante. Souvent, les parents misent sur des activités organisées pour calmer leur anxiété, anxiété venant tant des pressions sociales que de leur désir de donner le meilleur à leur enfant.

Les changements dans le jeu des enfants au cours des dernières décennies

Au cours des dernières décennies, le jeu de nos enfants a changé. Pour en prendre conscience, je vous propose un bref retour dans votre propre enfance. Quand vous étiez enfant, aviez-vous du temps pour jouer? Quel était votre jeu préféré? Quel est le jeu préféré de votre enfant? Jouiez-vous souvent dehors? Et votre enfant? Vos parents organisaient-ils vos jeux? Quels étaient vos jouets préférés? Et ceux de votre enfant? De vos réponses à ces quelques questions, vous pouvez certainement dégager des différences entre les jeux que vous faisiez durant votre enfance et ceux de votre enfant.

Votre enfant joue probablement moins souvent à l'extérieur que vous-même dans votre enfance et passe certainement plus de temps devant la télé ou les jeux informatiques. Peut-être a-t-il aussi moins de temps libre. Son horaire est probablement plus structuré que le vôtre, étant enfant. En fait, divers facteurs ont contribué à ces changements.

L'environnement dans lequel évolue l'enfant est devenu plus complexe et présente certains risques pour sa sécurité: ainsi, la circulation plus dense représente un risque plus élevé d'accidents impliquant des enfants déambulant à pied ou à bicyclette. Les parents ont aussi d'autres craintes largement alimentées par les médias: ils craignent que leur enfant subisse l'attaque de prédateurs sexuels et même qu'il soit enlevé. En conséquence, le jeu à l'extérieur, que ce soit au parc ou ailleurs, se fera sous la supervision d'un adulte et sera souvent limité dans le temps.

Outre ces craintes qui sont en partie justifiées, nombreux sont les adultes qui régissent le jeu de l'enfant par des normes de sécurité parfois excessives, visant à protéger l'enfant de tout risque de blessure. Bien sûr, les parents doivent se préoccuper de la sécurité de leur enfant (un chapitre est d'ailleurs entièrement consacré à ce sujet), mais ici on se rapproche d'une certaine forme de surprotection, limitant des expériences normales pour un enfant. Ainsi, on lui interdira de faire une course avec un copain ou de s'amuser à sauter d'un muret, car l'enfant risque de tomber ou de se blesser. Quand ces activités ne sont pas interdites, elles seront surveillées de près par les parents et souvent accompagnées de commentaires tels que: «Attention! Tu risques de tomber. Va doucement. Tu vas te faire mal.»

Dans un tel contexte, on traite l'enfant en quelque sorte comme un bibelot fragile: cette façon de faire pénalise particulièrement les garçons qui ont une propension et un besoin plus grand que les filles de se dépenser physiquement.

De plus, la façon de faire de plusieurs adultes avec les jeunes enfants laisse croire que l'on souhaite pour eux un environnement quasi aseptisé : ainsi, sous prétexte que c'est sale, on interdira à l'enfant de prendre un ver de terre dans ses mains, de manger une tomate fraîchement cueillie du potager en l'ayant seulement frottée contre lui ou de ramasser des objets extérieurs (pommes de pin, feuilles, roches…) pour se constituer un trésor.

Par ailleurs, les jouets ont également changé et certains, fort sophistiqués, ont fait leur apparition. Longtemps, les jouets se sont limités à de simples copies de la réalité (camion, maison, dînette, poupées, animaux en peluche) ; maintenant, ils reposent très souvent sur la mécanique et l'électronique. Pensons aux jouets qui imitent les rayons laser, à ceux aux allures de robots ou encore aux jeux électroniques, aux vidéos et aux logiciels informatiques qui captent très tôt l'intérêt de nos enfants et monopolisent souvent leur temps libre.

La famille aussi a subi des changements : l'enfant d'aujourd'hui a moins de frères et sœurs et donc moins de partenaires potentiels dans la famille, moins d'aînés pour le surveiller à l'extérieur et lui faire connaître certains jeux traditionnels. De fait, de nombreux jeux traditionnels ont presque disparu. Combien d'enfants de nos jours savent faire tourner une toupie, jouer au drapeau, à colin-maillard, à la marelle, à la *tag*, pour n'en nommer que quelques-uns ?

Enfin, le quotidien des familles ressemble très souvent à un tourbillon à l'intérieur duquel il est difficile de concilier travail et famille : les journées des parents et celles des enfants sont trépidantes et très structurées et laissent peu de place au jeu libre.

Le jeu dans les services de garde

La majorité des enfants québécois de 5 ans et moins fréquentent les services de garde. Plus de 80 % d'entre eux vont dans les centres de la petite enfance (CPE), et les autres, en garderies privées. Les CPE offrent deux types de service. Ils gèrent des installations, soit des lieux qui accueillent de nombreux enfants, le plus souvent regroupés par âges, le ratio enfants/éducatrice pour chacun de ces groupes variant selon l'âge des enfants. L'autre type de service est la garde en milieu familial, où le nombre d'enfants est limité à 6 pour un adulte, ou à 9 pour deux adultes : les enfants qui s'y trouvent sont alors d'âges différents.

Quelle que soit la formule, l'enfant partage son quotidien avec d'autres enfants ; il doit apprendre à respecter les directives de l'éducatrice et à suivre des consignes permettant le bon fonctionnement du groupe.

Depuis quelques années, le ministère de la Famille et de l'Enfance du Québec a proposé un programme éducatif pour les CPE qui vise à favoriser le développement global des enfants[6]. L'un des cinq principes directeurs de ce programme se lit comme suit : « L'enfant apprend par le jeu qui est la principale activité du centre de la petite enfance et la base de l'intervention éducative. » Par ailleurs, il est précisé dans ce programme que le jeu « constitue pour l'enfant l'instrument par excellence pour explorer l'univers, le comprendre, le maîtriser » et en conséquence, « il doit donc être considéré comme l'outil essentiel d'expression et d'intégration de l'enfant ».

Pour favoriser l'application du programme du ministère, *Jouer, c'est magique*[7] a été proposé aux CPE. Cet outil d'intervention s'inspire d'un programme américain qui a fait l'objet d'une étude longitudinale rigoureuse. Cette étude a démontré que les enfants qui avaient participé à ce projet (et qui venaient majoritairement de milieux défavorisés) ont obtenu par la suite de meilleurs résultats scolaires durant les premières années du primaire et ont bénéficié d'un développement plus positif de leur estime de soi.

Cette initiative du ministère pour un programme éducatif global ciblant l'importance du jeu de même que la publication de *Jouer, c'est magique* sont des démarches fort heureuses. Cependant, au quotidien, l'utilisation du jeu peut être très différente d'un CPE à l'autre. Certains, parfois sous la pression

---

6. Ministère de la Famille et de l'Enfance. *Le programme éducatif des centres de la petite enfance.* Montréal, Ministère de la Famille et de l'Enfance, 1997.

7. GARIÉPY, L. *Jouer, c'est magique - Programme favorisant le développement global des enfants.* Tomes 1 et 2. Québec : Publications du Québec, 1998.

des parents eux-mêmes, conservent résolument une vocation éducative, le jeu n'étant qu'un moyen pour y parvenir et demeurant constamment sous le contrôle des éducateurs. Peu de latitude est laissée aux enfants, peu d'initiatives sont encouragées et les objectifs précis d'apprentissage sont nombreux. Alors ces services de garde deviennent en quelque sorte une école en miniature et les attentes relatives au comportement de l'enfant sont à l'avenant, lui enjoignant à nouveau de se comporter comme un enfant plus vieux.

L'enquête *Grandir en qualité*[8], publiée en juin 2004, identifie d'ailleurs des lacunes quant à la valorisation du jeu par les éducatrices. Tant dans les garderies privées qu'en installations ou en milieu familial, on a accordé une cote de *faible* à *très faible* pour ce thème. Le rapport souligne que les éducatrices soutiennent peu les enfants dans leur initiative de jeu et ne les incitent pas suffisamment à innover, à résoudre des problèmes et à agir avec autonomie, habiletés qui peuvent toutes être atteintes par le jeu.

* * *

Dans le contexte social et familial actuel, le droit à l'enfance et le droit au jeu sont souvent oubliés, non par mauvaise volonté mais par manque de réflexion sur le sens de cette étape importante de développement. Ne devrait-on pas revoir la place laissée à nos enfants dans notre société et la place laissée au jeu dans leur quotidien? Pourrait-on ralentir la cadence pour le mieux-être de nos enfants?

Si on laissait nos enfants vieillir à leur rythme? Si on les laissait être des enfants? Si on les laissait jouer? Ils découvriraient alors le monde par le biais du plaisir. Est-il plus belle façon de s'initier à la vie?

---

8. www.grandirenqualite.gouv.qc.ca/tab_resultats.htm

CHAPITRE 2

C'EST QUOI JOUER?

▼

Dans l'homme authentique,
il y a un enfant qui veut jouer.

Nietzsche

L'enfant ne joue pas pour apprendre,
il apprend « parce qu'il joue ».

Jean Epstein[1]

Le mot « jeu » vient du latin *jocus* qui signifie plaisanterie. Le jeu est donc joyeux ; il entraîne badinage, amusement et rire.

Au cours des dernières décennies, le phénomène du jeu a été compris de diverses façons par les chercheurs qui ont proposé différentes théories pour l'expliquer. L'une des plus anciennes percevait le jeu comme l'expression d'un surplus d'énergie devant être libéré par l'enfant. D'autres considéraient que le jeu reprenait le comportement des primates ou répondait à un besoin instinctif. D'autres enfin voyaient le jeu comme servant à des fins de relaxation.

Même de nos jours, le jeu de l'enfant n'est pas perçu de façon universelle : les uns y voient l'occasion de développer des compétences, les autres associent jeu et développement de l'esprit, et d'autres encore estiment que le jeu permet à l'enfant d'exprimer ses sentiments et de libérer ses tensions intérieures. Que les théoriciens contemporains associent le jeu chez l'enfant à la croissance du corps, de l'esprit ou de l'âme, tous reconnaissent son importance. Bien qu'en apparence stérile, le jeu est un formidable moteur du développement de l'enfant.

---

1. J. EPSTEIN. *Le jeu enjeu.* Paris : Armand Colin Éditeurs, 1996 : 8.

Qu'est-ce que jouer[2] ?

Jouer, c'est s'adonner à une activité pour se divertir, pour en tirer du plaisir. Le jeu n'a de fin qu'en lui-même; l'enfant joue pour jouer. S'il y apprend quelque chose, c'est en quelque sorte par accident, car ce n'est pas son but premier. Toutefois, on comprend aisément que cette activité est source de nombreuses découvertes pour l'enfant et qu'elle lui permet diverses réalisations. Ainsi, par cette activité qui se perpétue au fil des générations, l'enfant apprend les règles, les coutumes et les valeurs qui régissent son environnement; bref, l'enfant découvre le monde dans lequel il vit.

Jouer, c'est découvrir son environnement

Les premiers jeux de l'enfant lui permettent de découvrir son corps et d'en déterminer les limites. Ensuite, la manipulation des objets lui en apprend les caractéristiques (ils sont durs, doux, lisses ou rudes) et le fonctionnement (on peut faire rouler un ballon, le sable coule entre les doigts, l'eau peut porter un bateau, les crayons laissent des marques). L'enfant expérimente alors les diverses possibilités des objets et les utilise de toutes sortes de façons.

Cette découverte du monde environnant ne concerne pas que les objets, mais aussi les personnes. Ainsi, l'enfant comprend très tôt que maman est fière du beau dessin qu'il a fait puisqu'elle affiche son chef-d'œuvre sur le réfrigérateur, alors qu'elle pousse des hauts cris et le punit pour ce dessin qu'il a fait sur le mur, même s'il est mieux réussi. Graduellement, il développe des stratégies d'action lui permettant de composer tant avec les objets qu'avec les personnes.

En jouant, l'enfant développe donc un savoir-faire et un savoir-être, autrement dit des habiletés et des attitudes qu'il utilisera dans diverses situations de sa vie quotidienne. Dans le jeu, l'enfant s'exerce en quelque sorte pour la vraie vie.

---

2. Le contenu initial de cette section a été élaboré dans le livre de F. FERLAND. *Le modèle ludique: le jeu, l'enfant avec déficience physique et l'ergothérapie*, 3ᵉ éd. Montréal: Presses de l'Université de Montréal, 2003.

Jouer, c'est éprouver un sentiment de maîtrise

Jouer, c'est aussi éprouver un sentiment de contrôle sur son environnement et sur ses actions; c'est éprouver un sentiment de maîtrise sur une portion de sa vie. Bien que l'enfant dépende de ses parents pour la plupart de ses soins (nourriture, habillement, hygiène), il est le maître tout-puissant dans son jeu : il y est autosuffisant.

Aucune méthode ni règle précise n'étant nécessaire pour jouer, chacune des tentatives de l'enfant est valable. Il décide lui-même du thème, du début, du déroulement et de la fin de son jeu. Il détermine ce qu'il veut faire avec le matériel : il décide de faire avancer l'auto, de refaire le même casse-tête (puzzle) aussi souvent qu'il le désire, et de colorer la pomme en bleu si cela lui chante.

Comme on n'attend aucun résultat précis du jeu, l'enfant peut prendre les initiatives qui lui plaisent et il comprend rapidement qu'il a un effet sur son environnement : il dépose un bloc sur un autre, et le voilà face à une petite tour; il appuie sur une manette, et le jouet fait de la musique. L'enfant expérimente alors un sentiment de contrôle sur les objets et de maîtrise sur la situation : il est capable ! Le jeu lui donne un sentiment de pouvoir dans un monde conçu pour les adultes. Il devient source de gratification et contribue à renforcer l'estime de soi de l'enfant.

Lors de difficultés dans le jeu, l'enfant utilise ses ressources personnelles pour trouver des solutions : ainsi, cet ourson tout mou ne peut tenir assis sans aide, mais appuyé sur le mur dans le coin de la chambre, il y parvient. Cette capacité à résoudre les problèmes contribue aussi au sentiment de maîtrise de l'enfant et peut être mise à profit dans diverses situations de sa vie quotidienne.

Comme ce n'est qu'un jeu, l'enfant peut même courir le risque d'échouer et tenter de monter sa tour… jusqu'au ciel. Quand l'échec survient, l'enfant l'apprivoise dans un contexte où les conséquences sont minimes et il apprend à y réagir.

Jouer, c'est imaginer et créer

Le jeu est aussi le lieu des fantaisies, des solutions farfelues, de la débrouillardise. Utilisant ses habiletés créatives, l'enfant décide ce qu'est la réalité, la transforme et l'adapte à ses désirs. La créativité de l'enfant, sorte de bricolage intellectuel mettant bout à bout divers éléments pour créer une idée nouvelle, peut être vue comme son imagination en action.

Dans son jeu, l'enfant crée des combinaisons entre les objets, les idées, les mots et trouve de nouvelles avenues de plaisir. Il met en branle son ingéniosité et développe une pensée originale. Il donne vie aux objets, crée un ami imaginaire, fait bouger l'inanimé, pleurer les végétaux ou parler les animaux. Il peut être indifférent au temps et à l'espace, et passer sans transition de l'époque de l'homme des cavernes à l'ère spatiale. La seule limite, c'est son imagination et les restrictions qu'impose son environnement. Avec les années, l'enfant imagine des jeux de plus en plus près de la réalité et utilise les matériaux du monde réel.

Le jeu offre donc à l'enfant une liberté d'action qui permet l'éclosion d'une pensée créative.

Jouer, c'est s'exprimer

Même si l'enfant ne parle pas, il exprime dans son jeu ses sentiments, tant positifs que négatifs. Lancer un objet par terre, sourire à un personnage, déchirer un dessin, présenter un objet à un partenaire, provoquer un accident, voilà autant de gestes que l'enfant utilise pour communiquer ce qu'il ressent. Le jeu est en quelque sorte le langage primaire de l'enfant, son langage dans l'action, qui lui permet de livrer son monde intérieur et ses émotions tout autant que son monde imaginaire. Il représente donc un important exutoire pour s'exprimer.

L'adulte est parfois sourd à cette forme de communication tacite. Ainsi, il interdira vigoureusement tout geste de l'enfant qu'il perçoit comme étant agressif sans en comprendre le véritable sens. Par exemple, peut-être grondera-t-il l'enfant qui bouscule violemment son ourson, le jetant par terre et se fâchant contre lui, sans s'apercevoir que c'est là une façon saine pour l'enfant de réagir de façon indirecte à ce nouveau bébé fraîchement débarqué dans la famille et qui prend tellement de place dans la maison. L'adulte ne se rend pas toujours compte que le jeu sert de soupape émotive à l'enfant, lui permet de déplacer sur des objets substituts ses désirs et ses frustrations.

Par ailleurs, il arrive fréquemment que l'enfant parle tout seul en jouant, expliquant à ses jouets ce qu'il fait, ce qui se passe. C'est pour lui l'occasion de pratiquer ses habiletés verbales. Cet exercice du langage favorise l'essai de nouveaux mots. Selon Bruner[3], l'apprentissage de la langue maternelle est plus rapide s'il s'inscrit dans un contexte ludique. Quand il joue avec des partenaires, l'enfant a alors l'occasion de communiquer verbalement ses désirs, d'exprimer ses idées aux autres.

Jouer, c'est surtout expérimenter le plaisir

Jouer, c'est toutefois avoir du plaisir d'abord et avant tout. Cette sensation de plaisir peut être associée à certaines caractéristiques propres à toute situation de jeu : la nouveauté, l'incertitude et le défi, défi qui doit cependant être perçu par l'enfant comme étant surmontable. Si le défi est absent du jeu, l'enfant s'ennuie ; si le défi est trop grand, il se décourage. Dans le jeu, la nouveauté attire l'enfant, qui prend plaisir à défier l'incertitude et à relever le défi.

EN RÉSUMÉ

Fonction du jeu	Impact sur l'enfant
Découvertes ⟶	Apprentissage
Maîtrise ⟶	Estime de soi
Créativité ⟶	Ingéniosité, pensée originale
Expression ⟶	Communication de ses sentiments et relation aux autres
Plaisir ⟶	Intérêt à agir

3. J. BRUNER. « Jeu, pensée et langage ». *Perspectives* 1986 16 : 83-90.

Comme rien n'est réglé à l'avance dans le jeu, tout peut arriver; la curiosité est éveillée et entraîne l'enfant vers la découverte du plaisir intrinsèque du jeu. L'enfant souhaitera maintenir cette sensation agréable de plaisir et développera un intérêt à jouer et donc un intérêt à agir.

Le jeu apporte donc à l'enfant une expérience unique à différents égards. La tableau de la page précédente résume les grandes fonctions du jeu et son impact sur l'enfant.

Le jeu n'est pas synonyme de facilité

Plusieurs adultes croient que puisque le jeu s'appuie sur le plaisir, il ne requiert aucun effort de la part de l'enfant. Rien n'est plus faux: comme c'est agréable, l'enfant y met beaucoup d'énergie et d'effort, davantage même que dans une activité déplaisante ou qui le laisse indifférent. Quand le plaisir est présent, l'enfant souhaite le maintenir et il monopolise son énergie dans ce sens. Pensons à celui qui construit une maison avec des blocs: quelle concentration, quelle détermination il démontre pour rendre sa construction solide et amusante! Il ne craint pas de recommencer sans cesse pour améliorer ses talents de constructeur. Quand l'enfant joue, il ne regarde pas l'effort requis, il se donne à fond dans cette activité qui lui plaît. De fait, le jeu sollicite le dépassement de soi et, contrairement à d'autres activités, il ne valorise pas l'effort dans le seul but d'obtenir un résultat, mais bien tout au long de l'activité.

N'est-ce pas le cas pour nous aussi? Ne mettons-nous pas toute notre énergie pour réaliser une activité qui nous plaît? Pensons à la personne qui, chaque année, aime faire son potager. Elle passera de nombreuses heures à préparer la terre, semer, arroser, enlever les mauvaises herbes, dépensant beaucoup d'énergie pour le simple plaisir de jardiner. Même si le but ultime du jardinage est la récolte des légumes, le plaisir débordera largement ce moment et sera présent tout au long de cette activité. Demander à cette personne de déployer autant d'effort pour une activité moins appréciée risquerait d'être voué à l'échec.

Ainsi, loin d'être synonyme de facilité, le jeu sollicite, tout au long de l'activité, effort et énergie de la part de l'enfant et requiert la mise en action de toutes ses habiletés.

Qu'est-ce qui se cache derrière le jeu?

Le plus souvent, c'est en se référant à une logique d'adulte que l'on regarde le jeune enfant jouer. On n'y voit que ce qui est au premier plan : l'enfant s'amuse et, pendant ce temps, il est tranquille ou alors on le voit répéter inlassablement la même activité sans comprendre le plaisir qu'il en retire. L'activité intense qui se cache derrière le jeu demeure insoupçonnée pour plusieurs : c'est peut-être la raison qui les amène à croire à sa futilité.

Analysons ce qui se passe dans le jeu afin de dégager ce que cette activité stimule et sollicite chez l'enfant. Pour ce faire, imaginons un enfant qui joue avec une étable, des animaux, des personnages et un tracteur. Voyons ce qui se passe quand l'enfant manipule ces objets et leur donne vie.

Composante sensorielle

La seule présence de ces objets apporte une stimulation sensorielle à l'enfant qui regarde ces animaux et ces personnages, les touche, les prend dans ses mains et les déplace.

En les regardant et en les manipulant, l'enfant enregistre les caractéristiques sensorielles des objets (forme, couleur, grosseur, texture) et il développe sa perception. Il se rend compte que le métal du tracteur est froid et doux, alors que ses pneus sont rugueux et ronds. Grâce à sa perception des grandeurs et des formes, il évalue si tel personnage peut ou non être assis sur le tracteur et si celui-ci peut ou non entrer par la porte de l'étable. Il est même possible que son audition soit stimulée si l'enfant se raconte une histoire ou joue avec un partenaire. De plus, il apprend que faire rouler le tracteur sur le plancher de bois produit un bruit, ce qui n'est pas le cas sur le tapis.

Cette activité procure donc à l'enfant une stimulation visuelle, tactile et même auditive, qui l'aide, entre autres, à développer sa perception des formes et des grandeurs.

Composante motrice

En saisissant les objets, l'enfant utilise les petits muscles de ses mains : on parle alors de motricité fine. Il doit adapter sa façon de saisir les objets à leurs formes : préhension à pleine main d'un personnage, préhension du tracteur entre le pouce, l'index et le majeur, saisie entre le pouce et l'index du loquet pour ouvrir la porte de l'étable.

L'enfant doit aussi planifier ses gestes en séquence; par exemple, saisir l'objet, le diriger vers tel endroit, puis le relâcher. Pour ce faire, il utilise sa coordination œil-main. Cette capacité à coordonner les gestes de la main et des yeux permet à l'enfant non seulement de diriger les objets vers un endroit précis, mais aussi d'insérer un objet dans un espace restreint, par exemple s'il veut asseoir un personnage sur le tracteur.

Quand l'enfant se déplace, à quatre pattes ou en marchant, il utilise ses grands muscles, entre autres ceux de ses cuisses et de ses jambes: il s'agit de la motricité globale. Quand il est assis et qu'il veut saisir un personnage placé loin devant lui ou sur le côté, l'enfant doit se protéger des chutes, par exemple en tendant les bras vers l'avant ou les côtés: il utilise alors ses réactions de protection. Parfois, un simple ajustement de sa posture lui permet de maintenir son équilibre; ainsi, en se penchant vers l'avant pour saisir un objet, il lève la tête pour compenser le changement de centre de gravité et éviter la chute.

L'enfant pratique donc, dans ce jeu, divers modes de préhension, il planifie et coordonne des mouvements fins et utilise ses réactions de protection en position assise.

Composante cognitive

Même si ses muscles fonctionnent très bien, l'enfant aura peu de plaisir à jouer avec ce matériel de jeu s'il ne met pas à profit ses habiletés cognitives, celles qui lui permettent de comprendre son environnement et de développer sa pensée.

Il y a bien sûr la connaissance même des pièces du jeu. Un partenaire ou un adulte peut lui montrer ce qu'est un cochon et un mouton, et lui enseigner à les différencier; il peut également lui apprendre que l'étable est la maison des animaux et lui enseigner le cri propre à chaque animal. L'enfant découvre qu'il y a des animaux à quatre pattes et d'autres à deux pattes, comme la poule.

En comprenant comment fonctionnent les objets, l'enfant apprend aussi à les utiliser adéquatement; ainsi il fait rouler le tracteur puisqu'il a des roues, et il ferme la porte de l'étable avec le loquet.

Dans ce jeu, l'enfant expérimente la relation de cause à effet, anticipant ce que ses gestes provoquent. Par exemple, il se rend compte que le petit mouton, déposé sur le toit en pente de l'étable, ne peut tenir et qu'il tombe tôt ou tard. Il découvre également que les objets ont une certaine permanence, à savoir qu'ils continuent à exister même quand il ne les voit plus. Ainsi, quand l'enfant s'amuse à faire disparaître le petit chien dans l'étable, puis à aller le chercher, il expérimente cette réalité.

L'enfant s'amuse aussi à «faire semblant», notamment en prêtant vie aux objets : la vache se promène dans le champ et le chien la suit. Il en arrive à imaginer un véritable scénario de jeu. Il peut aussi faire preuve d'humour, prêtant des intentions farfelues aux animaux. Ainsi, peut-être la vache veut-elle faire un tour de tracteur !

Dans ce jeu, l'enfant développe diverses connaissances, il donne vie aux objets et laisse libre cours à son imagination.

Composante affective

Comme c'est l'enfant qui décide de l'histoire des personnages, sa spontanéité et ses initiatives sont sollicitées : il en retire un sentiment de maîtrise. Il expérimente aussi le plaisir d'agir ; quand ce n'est pas le cas, il cesse rapidement ce jeu qui n'en est plus un pour lui.

Non seulement l'enfant décide-t-il de ce que font les personnages, mais il leur prête aussi des sentiments. De ce fait, il exprime des émotions : le fermier est fâché, le mouton est triste.

Avec un tel matériel de jeu, l'enfant peut cesser son activité quand il veut. Il n'est pas tenu de la poursuivre pendant un temps minimum pour obtenir un résultat, comme c'est le cas par exemple avec un casse-tête (puzzle) ou un jeu de construction. Il n'a pas non plus à attendre pour voir le résultat de son action. Sitôt décidé, le geste est posé. L'enfant en retire une satisfaction immédiate.

Initiative, expression de soi et plaisir immédiat sont quelques-unes des dimensions affectives de cette activité.

Composante sociale

L'enfant peut jouer seul avec ce matériel de jeu. Toutefois, quand des partenaires participent à son activité, c'est l'occasion pour lui de partager, de communiquer, de tenir compte des autres. Ensemble, les enfants imaginent un scénario de jeu, ils inventent une histoire et jouent des rôles.

Cette activité de jeu peut donc aussi permettre à l'enfant d'apprendre à se relier aux autres.

***

Il s'en passe des choses dans ce simple jeu, n'est-ce pas? L'enfant enregistre des informations, apprend à saisir et à manipuler des objets, à imaginer, à exprimer des sentiments et peut-être à jouer avec d'autres enfants. Ainsi en est-il pour toute activité de jeu. En y regardant de près, on constate que la plus simple activité de jeu sollicite diverses facettes chez l'enfant et stimule son développement, et ce, dans le plaisir. On comprend donc aisément que le jeu, loin d'être une activité futile ou une perte de temps, est en fait la voie privilégiée d'apprentissage de l'enfant.

Définition du jeu

Comment peut-on définir le jeu? Toute activité faite avec du matériel de jeu est-elle un jeu? Qu'est-ce qui le caractérise? Qu'est-ce qui le distingue d'une autre activité? Si vous deviez répondre à ces questions, il est à parier que vous feriez premièrement référence à la notion de plaisir et vous auriez raison; de fait, le plaisir est une composante indissociable du jeu. Si l'enfant n'éprouve pas de plaisir à faire une activité, cette activité n'est pas un jeu, mais un exercice à faire, une tâche à accomplir ou une obligation à remplir.

Qu'est-ce qui fait qu'une activité procure du plaisir à l'enfant et qu'une autre, non? Ce qui est un jeu pour l'un le sera-t-il automatiquement pour l'autre?

Imaginons deux enfants engagés dans une même activité de jeu, par exemple dans un carré de sable. Les deux posent les mêmes gestes, remplissant de sable un seau, traçant des chemins avec une petite auto, faisant disparaître leurs mains dans le sable pour les faire réapparaître ensuite. À l'observation, on pourrait conclure que ces deux enfants jouent puisqu'ils font librement une activité, sans but imposé, utilisant du matériel de jeu. Pourtant, il est possible que, malgré les apparences, l'un de ces enfants ne joue pas du tout, qu'il n'éprouve aucun plaisir. Pourquoi ? Soit parce qu'il n'a pas d'intérêt pour cette activité, soit qu'il n'est pas dans un état d'esprit pour jouer.

Peut-être vous est-il déjà arrivé, lors d'une soirée entre amis, de vous faire proposer une partie de cartes alors que vous détestez les cartes. En dépit de votre manque d'intérêt pour cette activité, vous vous êtes retrouvé avec des cartes à jouer dans les mains, posant les gestes qu'on attendait de vous. Dans ce contexte, malgré un matériel de jeu et des gestes de jeu, vous n'avez pas vraiment joué. Et si vous aimez jouer aux cartes, peut-être que ce soir-là, vous étiez préoccupé et donc nullement dans des dispositions pour apprécier le jeu. Là non plus, vous n'avez pas vraiment joué. Les gestes seuls ne peuvent définir le jeu, pas plus d'ailleurs que l'utilisation de matériel de jeu.

Pour qu'une activité soit vraiment un jeu, il faut que la personne ait un intérêt à la pratiquer, mais surtout qu'elle soit dans un état d'esprit particulier qui lui permette d'en retirer du plaisir ; autrement dit, il faut que la personne ait une attitude de jeu.

Avoir une attitude de jeu, c'est être spontané, utiliser son sens de l'humour, être curieux et imaginatif, avoir le goût de courir des risques et de prendre des initiatives. Avoir une attitude ludique, c'est aussi ne pas se prendre au sérieux et ne pas prendre au sérieux la situation. Quand on joue, rien n'est dramatique, ce n'est qu'un jeu ; l'objectif est d'abord et avant tout d'avoir du plaisir, non de gagner ou de réussir mieux que l'autre. Ce qui se passe pendant le jeu est d'ailleurs plus important que son résultat. Au-delà du matériel de jeu et des gestes posés, c'est donc l'attitude qui représente l'essence même du jeu. On conçoit alors aisément que le jeu soit une affaire hautement subjective et que toute activité puisse devenir un jeu selon l'état d'esprit avec lequel l'enfant l'aborde.

Tenant compte de ce qui précède, on peut proposer la définition suivante :

> Le jeu, c'est avant tout… « une attitude subjective où plaisir,
> curiosité, sens de l'humour et spontanéité se côtoient, qui se
> traduit par une conduite choisie librement et pour laquelle aucun
> rendement spécifique n'est attendu[4]. »

Cette définition s'applique au jeu libre de l'enfant, à son jeu
spontané, c'est-à-dire à celui qu'il décide lui-même de faire et
auquel il s'adonne à sa façon. Elle peut aussi s'appliquer à des
jeux structurés qui requièrent une façon précise de jouer, à la
condition toutefois qu'ils soient librement choisis par l'enfant
et qu'il s'y adonne par plaisir et non dans le seul but de réussir
ou de gagner. Voyons de plus près ce qui distingue un jeu libre
d'un jeu structuré.

Jeu libre et jeu structuré

Dans un jeu libre, l'enfant décide sans contrainte de ce qu'il
fait avec les objets. Ce type de jeu favorise l'imagination, la
fantaisie et la créativité de l'enfant. L'activité avec l'étable et les
animaux, analysée précédemment, en est un exemple.

À l'inverse, dans un jeu structuré, des règles précises régissent
l'activité ludique. Ainsi en est-il des jeux de société qui reposent
sur des consignes que chaque joueur doit respecter, ou des jeux
de cartes. Par exemple, lorsque l'enfant joue avec un partenaire
au jeu de cartes *Rouge ou noire*, il doit tenter de deviner si la carte
que retournera l'adversaire sera rouge (carreau, cœur) ou noire
(pique ou trèfle), et ce, sans tricher, sans regarder en dessous et
sans changer d'idée : celui des deux qui aura ramassé le plus
grand nombre de cartes, quand elles auront toutes été retournées, gagnera. Dans un tel jeu structuré, deux enfants doivent
suivre les mêmes règles et la même séquence.

Il existe beaucoup de matériel de jeu qui, par leur nature,
détermine l'action à poser, donnant une structure précise à
l'activité et laissant peu de choix à l'enfant. Pensons aux encas-
trements : l'enfant doit trouver où poser chaque pièce et il n'y a
qu'une seule place possible pour chacune d'elles. De même,
dans un jeu de formes à l'ordinateur, l'enfant doit trouver à

---

4. F. FERLAND. *Le modèle ludique, op. cit.* p. 34.

l'écran les deux objets de même forme et le signifier avec son curseur pour passer au tableau suivant.

Ce type de jeu vise souvent un apprentissage précis ou requiert une habileté particulière. Pensons aux jeux de mémoire, dans lequel l'enfant tente, à partir d'images retournées sur la table, de se rappeler où se trouvent les deux images identiques ; ces jeux visent essentiellement à développer la perception et la mémoire visuelles de l'enfant. Pour jouer à de tels jeux, l'enfant doit comprendre le déroulement du jeu tout autant que les règles qui s'y appliquent, et s'y conformer. Aucune liberté n'est laissée à l'enfant pour y jouer à sa guise.

Par contre, lors d'un jeu libre, deux enfants peuvent aborder le matériel de façon fort différente et créer une activité innovatrice. Dans ce sens, une expérience de jeu spontané favorise une plus grande pensée créative chez l'enfant qu'un jeu très structuré. Un jeune enfant a d'ailleurs plus de plaisir et d'intérêt à s'adonner à un jeu libre et il y apprend davantage.

Il faut attendre quelques années avant qu'il comprenne qu'un jeu comporte des consignes à suivre et qu'il ait du plaisir à les respecter. À l'âge scolaire, toutefois, les règles font partie intégrante de la plupart des jeux de l'enfant ; même pour jouer à la cachette, il établira des consignes spécifiques que tous doivent suivre et… gare à celui qui tente de s'y dérober ! Toutefois, pour que cette activité de cachette demeure un jeu, encore faut-il que l'enfant ait du plaisir à y jouer et qu'il puisse manifester de l'humour, de la curiosité, sans viser exclusivement la victoire. En d'autres mots, pour que l'activité structurée demeure un jeu, il faut que l'enfant puisse l'aborder avec une attitude de jeu et qu'il ait du plaisir tout au long de sa réalisation.

Est-ce à dire qu'il faut mettre de côté les jeux structurés chez l'enfant d'âge préscolaire ? Non, mais il faut accepter qu'un tel jeu déroge quelque peu des règles établies et subisse les fantaisies de l'enfant. Ainsi, dans le jeu de serpents et échelles, il est à parier que le pion de l'enfant de 3 ans grimpera rapidement toutes les échelles rencontrées, sans égard pour le dé qui est censé déterminer le nombre de cases à avancer. Le matériel pourra aussi être utilisé de façon inusitée : dans ce même jeu, l'enfant peut décider d'utiliser tant les serpents que les échelles pour grimper au sommet. Et bien sûr, le temps pendant lequel l'enfant accepte de suivre une consigne bien précise est également de courte durée.

Le jeu, baromètre de santé

Le jeu, stimulant et sollicitant les différentes sphères du développement de l'enfant, est en quelque sorte un baromètre de santé. Si l'enfant manifeste du plaisir à s'adonner à diverses activités de jeu et qu'il y met de l'énergie, c'est un bon indice de sa santé physique et mentale.

Par contre, si l'enfant est malade, anxieux, triste, il ne sera pas porté à jouer. Cela arrivera également si ses besoins de base ne sont pas satisfaits et qu'il n'a pas mangé ou dormi suffisamment. Des situations de vie précaire, comme celles qui prévalent en période de guerre, n'incitent pas non plus au jeu. Comme il a été dit dans les années 1960, «Quand un enfant ne peut pas jouer, nous devrions être aussi inquiets que lorsqu'il refuse de manger ou de dormir[5].»

Non seulement le jeu peut-il être un indicateur de la santé de l'enfant, mais il y contribue également. Quand l'enfant joue, il bouge, dépense de l'énergie et est actif. Le jeu peut de la sorte prévenir un problème de plus en plus présent chez nos enfants: l'obésité. De plus, il favorise un bon appétit, de bonnes nuits de sommeil et une bonne santé physique. Le jeu permet aussi à l'enfant d'exprimer des sentiments et de se défouler, favorisant par là une meilleure santé mentale.

Toutefois, certaines conditions sont nécessaires pour que l'enfant joue.

---

5. R.E. HARTLEY et R.M. GOLDENSON. *The Complete Book of Children's Play*. New York: Crowell, 1963: 6.

CHAPITRE 3

CE QU'IL FAUT POUR JOUER

▼

*La façon la plus efficace de développer
le jeu de l'enfant est de persuader
les adultes de sa valeur.*

André Michelet[1]

*La seule arme des enfants
contre le monde, c'est l'imaginaire.*

Claude Miller

Il est tout naturel pour un jeune enfant de jouer mais, pour que son jeu se développe véritablement et se diversifie, certaines conditions sont requises et ces dernières relèvent en grande partie de son environnement. « [Le jeu] est étroitement dépendant du milieu[2]. »

Pour que l'enfant joue, il lui faut se sentir en confiance. Du temps, de l'espace, du matériel, des partenaires lui sont également nécessaires, mais il faut surtout que les adultes autour de lui valorisent cette activité, qu'ils reconnaissent au jeu l'importance qu'il représente pour le développement physique, mental et social de l'enfant.

Préalable : la confiance

Pour jouer, l'enfant doit se trouver dans une ambiance rassurante. La peur est l'antagoniste du jeu : elle le paralyse. Si l'enfant ne se sent pas en sécurité, s'il a peur de perdre la face, de faire rire de lui ou de provoquer le désaccord de ses parents, il risque de

---

1, A. MICHELET. *Le jeu de l'enfant : progrès et problèmes.* Québec : OMEP, Ministère de l'Éducation, 1999 : 158.

2. *Idem*, p. 158.

ne pas jouer ou alors de le faire de façon très stéréotypée, sans plaisir ni imagination. Des conditions de confiance envers son environnement sont donc essentielles à l'apparition du jeu.

Du temps

Pour que l'enfant joue, il lui faut du temps, du temps libre qu'il peut utiliser à sa guise pour décider à quoi il veut jouer, comment il veut jouer, ce que deviendront les blocs entre ses mains, ce que sera son dessin, ce que sa poupée ou ses petites autos désirent faire. En un mot, il a besoin de temps pour inventer la vie dans son jeu.

Aujourd'hui, les journées de nos enfants, calquées sur celles de leurs parents, deviennent très tôt une course effrénée contre le temps. Dès le réveil, ils doivent se dépêcher pour s'habiller, manger, se préparer pour le départ vers la garderie, ce qui permettra aux parents d'être à l'heure au travail. L'enfant passe d'ailleurs plus de temps en service de garde que les parents à leur travail.

Au cours de la journée, les enfants doivent suivre les consignes de l'éducatrice, être constamment en présence d'autres enfants et partager avec eux les activités qui demeureront souvent sous le contrôle de l'éducatrice. Au retour à la maison, ils ont souvent peu ou pas de moments pour eux. Rapidement, il leur faut passer à table, prendre leur bain, se préparer pour le coucher. Ils auront peut-être une demi-heure de liberté qu'ils passeront à écouter la télévision et, s'ils sont chanceux, une quinzaine de minutes pour se faire raconter une histoire par papa ou maman.

C'est sans compter les rendez-vous chez le médecin ou le dentiste, qui viennent gruger occasionnellement du temps dans ces journées déjà tellement remplies. Il reste les fins de semaine. Mais alors, ce sera les cours auxquels l'enfant est inscrit, les courses à faire ou les visites aux amis des parents qui mobiliseront ses journées.

Le tableau qui vient d'être décrit est-il exagéré? À peine. Les enfants d'aujourd'hui ont une vie trépidante, voire stressante, peu propice au jeu libre. En effet, avec un tel horaire, quand l'enfant peut-il avoir le temps pour développer ses initiatives, choisir l'activité qui l'intéresse, décider comment faire vivre ses jouets ? Et en tant qu'adultes, nous serons surpris que cet enfant, quand il a une minute de libre, s'ennuie, ne sache pas quoi faire, ne sache pas s'organiser. Comment le pourrait-il alors que depuis sa naissance, tout son temps est organisé par l'adulte ?

S'adonner au jeu, avoir du plaisir à jouer et en retirer tout le potentiel possible demande du temps. Ne disposer que de quelques minutes à la fois ne permet pas à l'enfant de développer son plein répertoire ludique.

Par ailleurs, un enfant ne doit pas toujours être actif ; comme tout le monde, il a aussi besoin de moments d'inactivité, de solitude. Il faut donc que l'enfant ait du temps pour jouer, mais aussi pour rêver, pour construire son imaginaire... pour ne rien faire. Vous le voyez regarder par la fenêtre depuis de longues minutes ? Ne concluez pas trop vite qu'il s'ennuie. Peut-être suit-il, fasciné, le mouvement de cette goutte de pluie sur le carreau ou la danse des feuilles dans le vent. Peut-être s'accorde-t-il quelques minutes de relaxation. Peut-être s'invente-t-il une histoire farfelue qu'il mettra en scène avec ses jouets plus tard.

De l'espace
À l'intérieur

Jouer demande aussi de l'espace. Faire des constructions avec des blocs, faire semblant de laver et de nourrir sa poupée demande un espace adéquat et sécuritaire. La chambre de l'enfant est souvent le lieu destiné au jeu mais le jeu ne saurait y être confiné. Certaines activités requièrent un équipement particulier ou un espace plus grand : ainsi, la table de la cuisine est tout indiquée pour faire une peinture ou préparer des biscuits en pâte à modeler ; le tapis du salon permet un circuit plus élaboré pour les petites autos. L'enfant n'a pas nécessairement besoin d'une salle de jeu, mais plutôt que son jeu soit permis et bien accepté à certains endroits dans la maison.

Pour le jeune enfant, il est d'ailleurs plus agréable de jouer à proximité de papa ou maman, qui peut à l'occasion participer de loin à son jeu par un commentaire ou un sourire.

À l'extérieur

Le jeu à l'extérieur est aussi important. Il apporte à l'enfant des expériences nouvelles, impossibles à réaliser à l'intérieur : creuser un trou dans la terre, faire un bonhomme de neige, des gâteaux ou des châteaux de sable, se familiariser avec de nouvelles textures (sable, herbe, neige, roches, brindilles), suivre le vol d'un oiseau ou les déplacements d'un écureuil, prendre conscience des objets qui flottent ou qui coulent dans la pataugeoire. Utilisant une loupe, il peut découvrir dans le détail l'écorce de l'arbre ou les déplacements des fourmis.

Par de telles activités, l'enfant apprivoise la nature en découvrant les caractéristiques sensorielles des matières premières (eau, terre, sable, neige…) et le fonctionnement des organismes vivants (animaux, insectes, végétaux). Il y fait même des expériences de physique, faisant fondre un glaçon dans sa main ou mélangeant eau et sable pour en faire un gâteau très spécial.

Ce contact avec les éléments naturels enrichit l'expérience de l'enfant ; c'est un contact avec la vie !

Les accessoires de jeu extérieur (balançoires, glissoire, pataugeoire, carré de sable…) offrent également à l'enfant des expériences nouvelles l'invitant particulièrement à bouger et à se déplacer, favorisant de la sorte davantage de jeux moteurs et donc une dépense d'énergie des plus saines.

Par ailleurs, certains jeux difficilement acceptables dans la maison y sont possibles : courir, sauter, faire des culbutes, jouer au ballon, faire des bulles de savon, faire un gros tas de feuilles et y sauter, dessiner dans le sable ou dans la neige avec un bâton. Les espaces extérieurs, que ce soit le parc ou la cour arrière de la maison, favorisent de telles activités.

D'autres jeux, quand ils sont faits à l'extérieur, prennent une nouvelle couleur. Faire rouler un camion dans le sable est très différent de le faire rouler sur le tapis du salon, la résistance étant tout autre. L'enfant y développe aussi son imagination en utilisant divers accessoires inusités : des cailloux pour délimiter le chemin à suivre par le camion, des brindilles pour simuler les arbres le long de la route, des feuilles devenant des assiettes pour servir un dîner inédit qui pourrait consister en une salade ou une soupe de gazon, des petites roches qui servent de pièces de monnaie pour jouer au marché. De même, jouer à la cachette à l'extérieur se révèle très différent et plein de surprises : les endroits où se cacher sont nombreux et inédits et l'espace disponible, tellement plus grand !

Peinturer la clôture de bois avec de l'eau deviendra une activité très gratifiante car, même si son œuvre sèche rapidement, l'enfant fait alors une activité de grand. Dans son jardin, l'enfant pourra trouver des objets inédits (roche, feuille de trèfle, brindilles, pommes de pin) qu'il voudra conserver dans une boîte aux trésors. Peut-être ces objets deviendront-ils des matières de base pour des bricolages ultérieurs ?

Du matériel

Pour jouer, l'enfant a également besoin de matériel de jeu et il en a souvent en surabondance. Comme le disait le comédien Fernand Raynaud, « Maintenant, quand on entre dans une chambre d'enfants, c'est plus une chambre d'enfants, c'est un magasin de jouets[3]. » Ce n'est pas la quantité de jouets qui est importante, mais davantage la variété. Le matériel de jeu mis à la disposition de l'enfant devrait lui permettre de bouger, d'utiliser ses mains, de se concentrer, d'imaginer, de s'exprimer, de se relier aux autres et donc de le stimuler dans les différentes sphères de son développement.

Par ailleurs, il ne faut pas confondre *matériel de jeu* et *jouets*. Il y a bien sûr les jouets manufacturés vendus en magasin, mais le matériel de jeu maison est tout aussi riche en possibilités. Une boîte de carton, une valise remplie de vêtements qui permettront à l'enfant de se déguiser, des papiers, des pailles, de la ouate avec lesquels bricoler, permettent aussi à l'enfant de jouer. Il serait heureux que les adultes ne se laissent pas influencer outre mesure par la publicité puissante et omniprésente de l'industrie du jouet et qu'ils prennent conscience qu'un jouet n'est qu'un outil pour jouer, important certes mais qui ne devrait pas prendre le pas sur le jeu lui-même. Ce n'est pas parce que la chambre de l'enfant est remplie de jouets qu'il jouera plus qu'un autre. Nous aurons l'occasion d'approfondir cette question au chapitre 7 : Avec quoi jouer ?

---

3. Fernand Raynaud, « J'ai souffert dans mon enfance ».

Des partenaires

Le premier partenaire de jeu du bébé est l'adulte. Ce sont ses parents qui lui insufflent la notion de plaisir avec les objets, qui l'incitent à les regarder, à les toucher, à les utiliser.

Puis les autres enfants deviennent des modèles et des motivateurs pour l'enfant. Il s'intéresse à ce qu'ils font. Si ceux-ci ont l'air d'avoir du plaisir à jouer avec tel matériel, ce doit être agréable : il voudra essayer lui aussi.

Grâce à ses partenaires de jeu, l'enfant développe des habiletés sociales. Observez de jeunes enfants qui jouent ensemble. C'est en quelque sorte une mini-société où chacun apprend les règles de la vie en groupe : partager le matériel et l'espace de jeu, attendre son tour, prendre sa place, respecter les autres et tenir compte de leur opinion, gérer ses émotions quand on est fâché contre un ami. Le tout ne se fait pas sans heurt et demande de fréquents contacts avec d'autres enfants pour y parvenir. Faits dans le jeu, ces apprentissages sont toutefois plus faciles et agréables.

Avoir l'occasion de jouer avec d'autres jeunes de son âge apporte donc à l'enfant une expérience non seulement stimulante mais aussi utile pour apprendre à vivre en société.

Des adultes
Qui valorisent le jeu

Pour que le jeu soit présent et se développe dans la vie de l'enfant, il faut surtout que les adultes qui l'accompagnent au quotidien valorisent cette activité, qu'ils en reconnaissent l'importance pour son développement et son épanouissement. Si les adultes autour d'un enfant considèrent le jeu comme une perte de temps, comme une activité futile, il est peu probable que l'enfant développe au maximum ses capacités. Il y a fort à parier qu'alors le jeu sera étouffé par l'entreprise d'éducation.

Par contre, si les parents ou les éducateurs sont convaincus de ce besoin fondamental de l'enfant d'agir et de réagir à son environnement, alors ils prévoiront dans l'horaire de l'enfant des périodes dévolues au jeu libre, des espaces et du matériel pour jouer. Ils lui fourniront aussi des occasions de jouer avec les autres.

Ces adultes qui reconnaissent au jeu son importance ne viseront pas constamment les apprentissages de l'enfant mais aussi son plaisir à bouger, à imaginer, à construire, à se retrouver avec d'autres enfants. De la sorte, ils diminueront le stress qu'entraîne chez l'enfant le besoin de toujours réussir, tout en lui permettant des expériences et des découvertes appropriées à son âge.

De plus, si les parents valorisent le jeu, ils joueront aussi avec l'enfant à l'occasion. Que papa et maman prennent du temps pour s'amuser à bricoler, à aller patiner, à monter des tours de blocs avec lui représente la démonstration la plus convaincante pour l'enfant que le jeu est important et agréable.

Qui permettent une certaine liberté d'agir

Favoriser le jeu chez un enfant requiert de l'adulte qu'il laisse une certaine latitude à l'enfant pour décider à quoi il veut jouer, comment il veut le faire, qu'il lui laisse le contrôle de son jeu. Un jeu dirigé par l'adulte risque de perdre son caractère ludique : dans le véritable jeu, c'est l'enfant qui est le maître d'œuvre.

Bien sûr, quand l'enfant joue, il crée un désordre temporaire. En effet, pendant le jeu, l'activité est souvent intense et dérange quelque peu l'ordre établi. Il peut aussi être salissant ; un chef-d'œuvre ne se crée pas sans quelque dégât. Un milieu familial qui demande que tout demeure toujours à l'ordre ne saurait le tolérer et c'est fort dommage car un jeu trop contrôlé n'en est plus un. L'enfant apprend alors à être sage mais il ne joue pas et n'en retire donc pas tous les avantages.

Le milieu de vie de l'enfant doit également tolérer le mouvement et le bruit : le plaisir au jeu se manifeste souvent par une certaine excitation, des rires, le désir de bouger. Encore une fois, si l'environnement lui impose des limites strictes, l'enfant cessera son jeu.

Qui aident au besoin à maintenir le jeu

Quand cela s'avère nécessaire, l'adulte peut apporter de l'aide à l'enfant pour maintenir le jeu (si ce dernier devient frustré devant certaines difficultés ou s'il se dispute avec des partenaires, par exemple). L'adulte devient alors un facilitateur de jeu proposant des stratégies pour résoudre les problèmes rencontrés.

* * *

Si l'adulte est convaincu que le jeu est l'outil essentiel du développement global et harmonieux de l'enfant, il le valorisera dans le quotidien de l'enfant, laissant à ce dernier le pouvoir d'y agir à son gré. Parfois partenaire, parfois facilitateur, il aura le souci que l'enfant puisse s'adonner à cette activité de première importance de l'enfance.

EN RÉSUMÉ

Ce qui facilite le jeu	Ce qui inhibe le jeu
Du temps libre.	Un horaire trop chargé.
Du matériel de jeu varié.	Trop de matériel de jeu, ce qui peut provoquer le désintérêt ou la dispersion de l'enfant.
De l'espace pour jouer (intérieur et extérieur).	Un espace de jeu intérieur limité à la chambre de l'enfant et des possibilités restreintes de jeu à l'extérieur.
Des partenaires de jeu de son âge.	L'absence d'occasions de jeu avec d'autres enfants.
Un environnement qui permet de bouger et d'explorer.	Un environnement qui demande un rangement impeccable en tout temps et qui ne tolère ni le mouvement, ni le bruit.
Des adultes (parents, éducateurs en milieu de garde) qui croient en l'importance du jeu.	Des adultes qui ne croient qu'en un quotidien éducatif pour l'enfant.
Des parents qui sont des modèles pour leur enfant, ayant eux-mêmes du plaisir à jouer.	Des parents qui ne jouent jamais : ils ont des choses plus sérieuses à faire.

* * *

Autrefois, les diverses conditions de temps, d'espace, de matériel (pas toujours des jouets manufacturés) et de partenaires de jeu étaient présentes dans la vie des enfants. Le jeu était une activité naturelle pour les enfants que nous étions. De nos jours, il nous faut être plus attentifs pour que cette activité reprenne sa place de choix dans le quotidien de nos enfants.

Le jeu, super vitamine pour le développement de l'enfant

Tout au long de la période préscolaire, les habiletés de l'enfant dans les différentes sphères de son développement de même que sa compréhension croissante du monde environnant sont stimulées par son jeu. Ce dernier agit donc en quelque sorte comme une super vitamine qui stimule l'ensemble de son développement. Voilà pourquoi le jeu libre est important : l'enfant y développe dans le plaisir des habiletés fort variées.

Voyons comment l'enfant évolue dans son jeu et ce qui le caractérise aux différents âges.

CHAPITRE 4

LE DÉVELOPPEMENT DE L'ENFANT DANS LE JEU

▼

*Pour lui [l'enfant], apprendre est un jeu
et tout jeu lui apprend quelque chose.*

Bacus

*On est de son enfance
comme on est d'un pays.*

Antoine de Saint-Exupéry

Le jeu, témoin des capacités de l'enfant

En jouant, l'enfant progresse dans les différentes sphères de son développement. En le regardant jouer, on en sera le témoin. On pourra suivre son habileté graduelle à adapter sa façon de saisir les objets selon leurs formes, à se déplacer avec de plus en plus d'efficacité, à comprendre le fonctionnement des objets et à les utiliser avec une ingéniosité croissante, à se relier à ses partenaires, à imaginer des scénarios. On suivra également le développement de sa curiosité, de son sens de l'humour, de son désir de tenter des expériences, de prendre des initiatives, de sa capacité à réagir aux difficultés et à l'échec.

Dans le jeu comme dans le développement de l'enfant en général, il y a de grandes variations d'un enfant à un autre. Même si votre enfant suit les grandes étapes qui sont présentées plus loin, il est fort probable que ses préférences et intérêts de jeux soient différents de ceux d'un petit voisin du même âge. Tous deux commenceront par gribouiller avant de dessiner un bonhomme mais votre enfant peut avoir du plaisir à faire des tours

ou d'autres constructions avec des blocs alors que l'autre appréciera davantage s'amuser avec des contenants à remplir, à vider,
à transporter.

En survolant la période de la naissance à 6 ans, on peut
identifier diverses étapes qui mènent au développement d'un
jeu de plus en plus raffiné et complexe.

La première étape, qui s'étend sur quelques mois, est caractérisée par la curiosité, l'intérêt et l'attention sélective du bébé
relativement à son corps, aux personnes et aux objets qui l'entourent. À la deuxième étape, soit entre 6 et 18 mois, l'enfant explore
activement l'espace et manipule les objets. Entre 18 mois et 3 ans,
fort des acquis des deux premières étapes, il utilise le matériel de
jeu d'abord de façon conventionnelle, puis il entre dans le jeu de
faire semblant. Entre 3 et 5 ans, il imagine avec plaisir des façons
inusitées de jouer : il invente des scénarios de jeu.

Voyons ces étapes en détail. Pour chacune d'elles, nous pré-
ciserons les caractéristiques de l'enfant, ses intérêts particuliers
et ses positions habituelles de jeu[1].

De 0 à 6 mois : l'enfant découvre son corps et son environnement

Dans ses premiers mois de vie, le bébé est un spectateur actif
de ce qui se passe autour de lui. Par les diverses sensations res-
senties dans son corps, il intègre progressivement les limites de
celui-ci et il comprend qu'il est un être distinct. Il s'intéresse
aussi aux personnes et aux objets dans son environnement.

Caractéristiques de l'enfant

Les sens du bébé sont tous actifs à la naissance. En touchant,
en entendant, en voyant, en bougeant, il reçoit diverses sensations dans son corps. Ces sensations sont acheminées à son
cerveau, qui les enregistre et l'incite à réagir.

Au début de sa vie, le bébé ne se perçoit pas comme ayant
une identité propre. De fait, il est incapable de distinguer ce qui

---

1. Pour des informations plus complètes sur les différentes sphères du développement de l'enfant, le lecteur est invité à lire : F. Ferland. *Le développement
de l'enfant au quotidien – du berceau à l'école primaire*. Montréal : Éditions de
l'Hôpital Sainte-Justine, 2004.

est à lui de ce qui est à l'extérieur. Les contacts avec ses parents qui le prennent dans leurs bras, lui parlent, le caressent, le regardent dans les yeux lui font graduellement prendre conscience qu'il est une personne distincte d'eux.

Par exemple, pour comprendre que ses orteils, ces petits objets qu'il voit bouger au bout de son lit, lui appartiennent bel et bien, ils doivent être caressés ou rencontrer des résistances, touchant par exemple les barreaux du lit ; alors la sensation éprouvée, acheminée au cerveau, lui fait prendre conscience de ses pieds. De même, l'eau que maman fait couler sur lui lors du bain ou les caresses qu'elle lui prodigue l'aident à prendre conscience des différentes parties de son corps. Le mouvement enregistré par son cerveau quand on le berce, en plus d'avoir un effet calmant, lui donne aussi une sensation qui contribue à la conscience de son corps.

Quand on le touche, bébé distingue ce qui est agréable (textures douces, caresses, massages) de ce qui est désagréable (textures rugueuses, mains froides). C'est d'abord par son visage, sa bouche, ses mains et la plante de ses pieds que l'enfant enregistre les stimulations tactiles.

Sur le plan visuel, au cours des premières semaines, l'enfant voit à une distance d'environ 15 à 30 cm, soit la distance approximative entre ses yeux et les vôtres quand vous le nourrissez. Vers 6 mois, il commence à évaluer les distances. Observez-le quand vous le nourrissez : il ouvre la bouche dès que ses yeux voient le biberon approcher, alors qu'auparavant c'était le contact de la tétine sur ses lèvres qui lui servait d'indice.

Le bébé découvre aussi les objets par ses sens : il les regarde, les touche, les saisit, écoute les sons qu'ils produisent. L'enfant découvre ainsi les caractéristiques des objets : ils sont doux ou rudes, durs ou mous, gros ou petits, ils font de la musique ou des sons, il sont immobiles ou, au contraire, ils bougent.

Pendant les premiers mois, le bébé peut garder en main un objet qu'on y dépose. Ce n'est pas volontaire puisqu'il s'agit du réflexe d'agrippement : cela lui permet toutefois un premier contact avec les objets. Vers 4 mois, l'enfant commence à saisir volontairement les objets et à faire travailler ensemble ses yeux et ses mains. C'est le début de la coordination œil-main : les yeux indiquent aux mains la cible à atteindre. Vers 6 mois, bébé porte les objets à sa bouche et les «goûte», en quelque sorte. Une autre façon de découvrir les propriétés des objets.

Sur le plan de la motricité globale, le bébé apprend à maîtriser d'abord les mouvements de sa tête, puis de son tronc, ce qui lui permettra de se tenir en position assise. Plusieurs mois plus tard, il apprendra à contrôler les muscles de tout son corps ; il pourra alors se mettre debout, puis marcher.

Le contrôle de la tête commence dès l'âge de 2 mois : dans les bras de l'adulte, le bébé réussit à se tenir la tête droite quelques instants. Quand il est éveillé, si on le dépose à plat ventre sur un tapis, il peut relever la tête, allant contre l'effet de la gravité et, vers 4 mois, il saura s'appuyer sur ses avant-bras.

Au cours des six premiers mois, il apprend à rouler sur lui-même, d'abord du ventre vers le dos. Les premières fois, c'est le plus souvent par hasard : soulevant un bras, il est déséquilibré et tombe sur le dos. Vers 6 mois, il roule du dos vers le ventre, ce qui est plus difficile puisqu'il doit alors contrer l'effet de la gravité. Au même moment, il commence à tenir la position assise, malgré la précarité de son équilibre et la fragilité de ses réactions pour prévenir les chutes.

Quant au développement cognitif, dès le premier mois, le bébé peut imiter un adulte qui tire la langue à environ 20 cm de son visage. Surprenant, n'est-ce pas ? Bien sûr, il faut attendre vers la fin de la première année avant d'observer fréquemment des comportements d'imitation chez l'enfant. Vers 5 mois, il sourit à son image dans le miroir, même s'il ne se reconnaît pas. Vers 6 mois, il découvre la relation de cause à effet, à savoir que son action provoque une réaction dans son entourage : s'il secoue un hochet, il entend un bruit ; s'il touche au ballon, celui-ci bouge.

Sur le plan affectif, durant cette période, le bébé de cet âge exprime ses désirs et ses besoins en réagissant avec tout son corps : quand il pleure, ses bras et ses jambes sont tout aussi actifs que son visage. Un bébé a du mal à attendre pour obtenir satisfaction. En répondant à ses besoins, on lui fait savoir qu'il est important puisqu'on s'occupe de lui ; on pose ainsi les bases grâce auxquelles il développera un sentiment de confiance envers les autres et lui-même.

À compter de 6 mois, il commence à reconnaître les gens de son entourage et à s'attacher de façon particulière à sa mère. Il veut la suivre partout et proteste quand elle le laisse. L'enfant ne semble pas avoir de « quotas » d'attachement et peut s'attacher ainsi à plusieurs personnes : son père, un grand frère ou une grande sœur.

Ses partenaires de jeu habituels pendant cette période sont ses parents, et il s'amuse également seul.

Intérêts de jeu

Au cours des premiers mois, bébé joue avec ses mains et ses pieds et il regarde ce qui se passe autour de lui. Son attention est particulièrement attirée par les caractéristiques sensorielles des objets : couleurs, brillance, mouvement, sons, textures. Il aime les objets qui bougent, qui font entendre des sons et qui brillent.

Un contraste de couleurs, tel une forme géométrique délimitée par un contour noir sur un carton blanc, capte plus sûrement l'attention du jeune bébé que le jouet le plus coloré qui soit. Ce ne serait qu'entre 4 et 7 mois qu'il voit les couleurs. Dès lors, un objet de couleur vive attirera son regard.

Le bébé s'intéresse aussi au visage humain. Souvent son premier vrai sourire, vers 6 semaines, apparaît quand il regarde le visage de sa mère ou d'une autre personne. La reproduction d'un visage, que ce soit sur un jouet ou un hochet, attire aussi son attention.

Le monde des jouets ne devient important pour l'enfant que vers l'âge de 4 mois, quand il commence à vouloir les saisir, alors qu'avant, il lui suffisait d'avoir des parents qui lui parlent, le bercent, le caressent, lui chantent des chansons douces, une décoration stimulante, des objets attirants à regarder, en mouvement, offrant des contrastes de couleur ou produisant des sons.

Quand il commence activement à saisir les objets, l'enfant apprécie ceux qui réagissent à son action par un bruit, par une lumière, par l'apparition d'un personnage ; l'effet obtenu l'incite à répéter l'action afin de provoquer à nouveau cet effet. Vers 5-6 mois, il aime aussi les objets qu'il peut aisément prendre dans ses mains comme un hochet ou un jouet de dentition ; ce dernier a pour l'enfant deux fonctions : stimuler sa coordination œil-main et soulager la douleur lors des poussées dentaires.

Positions de jeu
Sur le dos

Pendant les premières semaines de vie, le bébé est constamment couché sur le dos et c'est dans cette position qu'il observe son environnement.

Sur le ventre

Bien qu'il soit recommandé de toujours coucher le bébé sur le dos pour dormir, vers 2-3 mois, le déposer sur le ventre sur un tapis pour jouer lui permet de renforcer les muscles de son cou et de son dos et éventuellement de pratiquer les retournements sur lui-même (en plus d'éviter un aplatissement de sa tête à l'arrière ou sur les côtés). Rappelons le mot d'ordre des professionnels de la santé : *dodo sur le dos, pour la vie ; couché sur le ventre… pour jouer*. Des jouets déposés devant lui l'aideront à trouver cette position plus agréable.

De 6 à 18 mois : l'enfant explore l'espace et manipule les objets

À cette deuxième étape, la curiosité de l'enfant se concrétise dans l'action : ses capacités motrices lui permettent désormais de saisir les objets à sa guise, de poser différents gestes, de changer de position et de se déplacer. L'enfant devient de plus en plus actif ; c'est la grande aventure de la découverte qui commence.

Caractéristiques de l'enfant

Au cours de cette période, l'enfant apprend à se mouvoir par ses propres moyens et il explore l'espace. Vers 7 mois, ses premiers déplacements se font en rampant, quoique certains enfants sautent cette étape. Apprendre à ramper est parfois frustrant, car les premières tentatives poussent souvent l'enfant à tourner davantage en rond ou même à reculer plutôt qu'à avancer. Puis, vers 9 mois, il commence à marcher à quatre pattes et vers la fin de sa première année, il fera ses premiers pas.

Cette capacité à se déplacer par lui-même lui offre une nouvelle perspective sur ce qui l'entoure, lui faisant voir l'envers des choses (le dessous de la table et des chaises) et lui offrant des expériences inédites (toucher cette plante qui descend en cascade et lui chatouille le nez; tirer cette nappe qui est presque à portée de main; laisser tomber ce jouet dans la cuvette des toilettes qu'il vient tout juste de découvrir!).

Avant de faire ses premiers pas, l'enfant se sera probablement retrouvé en position debout, au milieu du salon, sans savoir quoi faire: puis il aura appris à se laisser tomber sur les fesses. Par la suite, il se déplacera de côté en se tenant aux meubles, puis il avancera s'il est tenu par les deux mains, et enfin par une seule. Maintenant, il marche comme un grand… ou presque. Au début, l'enfant concentre tous ses efforts sur la marche elle-même. Puis, il la combine à une autre activité, comme transporter, pousser ou tirer un objet. À compter de 12 mois environ, l'enfant n'est plus tributaire de ses parents pour aller là où il veut: il devient… indépendant!

Dès que l'enfant se déplace par ses propres moyens (même à quatre pattes), il faut être vigilant et veiller à lui offrir un environnement sans danger. Il est donc important de revoir l'aménagement de la maison: nous reviendrons sur la sécurité dans un chapitre ultérieur.

Sur le plan de la motricité fine, vers l'âge de 6 ou 8 mois, l'enfant porte tout à sa bouche et il est désormais capable de saisir des objets de différentes formes. Vers 9 ou 10 mois, l'enfant peut relâcher volontairement les objets. Avant, à la vue d'un objet qui l'attirait, l'enfant ouvrait la main pour le saisir et ainsi laissait tomber celui qu'il tenait: cette action n'était toutefois pas volontaire. Elle était fortuite. Désormais, c'est lui qui décide de laisser tomber un objet.

Vers 12 mois, il saisit de tout petits objets entre son pouce et son index, comme cette épingle tombée du panier de couture de maman ou cette pièce de monnaie qui brille au soleil. Encore une autre raison d'être vigilant!

Sur le plan cognitif, il manifeste une intention dans son comportement dès l'âge de 6 ou 7 mois. Ses gestes ne sont plus faits au hasard: il veut saisir tel objet, il crie pour obtenir telle chose précise. Vers 8 mois, il commence à s'intéresser aux détails, comme le petit papillon dans cette image ou ce bouton doré sur votre vêtement. Vers 10 mois, il peut imiter, en faisant « au revoir » de la main ou « bravo » en tapant dans ses mains et quelques semaines plus tard, il prendra plaisir à imiter papa ou maman en portant son téléphone-jouet à son oreille, par exemple.

L'enfant connaît de mieux en mieux son environnement et il apprend le fonctionnement des objets et leur utilisation. En répétant ses expériences, et malgré certains échecs, il renforce ses acquis. Par expérience, il comprend que sa tour de blocs est plus solide si sa base est appuyée sur de gros blocs. L'enfant refait les mêmes actions, même s'il les réussit bien. Cette répétition, qui serait source d'ennui pour nous, les adultes, permet à l'enfant d'acquérir un sentiment de maîtrise et de prendre confiance en ses capacités.

Vers 1 an, l'enfant commence aussi à faire le lien entre les mots et les objets. À 15 mois, un mot a souvent valeur de phrase. S'il dit « papa », cela peut vouloir dire : « Papa arrive ! Je veux voir papa… Où est papa ? » À vous de décoder son message et de comprendre ! Vers 18 mois, il sait joindre deux mots.

À cette étape, sa compréhension de la relation de cause à effet se raffine. Entre 8 et 12 mois, il se rend compte que son action provoque une réaction non seulement sur les objets (le ballon roule sous la poussée qu'il lui donne), mais aussi chez les personnes. Ainsi, un comportement entraîne un sourire chez l'adulte, alors qu'un autre provoque une réaction négative. Il commence aussi à associer certaines situations et leurs effets désagréables ; par exemple, il repousse la main qui tend un médicament.

Vers 10 ou 12 mois, l'enfant commence à intégrer le concept de permanence de l'objet, à savoir qu'une personne ou un objet continue d'exister même s'il ne le voit plus. Cette découverte concerne d'abord sa mère. Même si celle-ci est hors de sa vue, l'enfant comprend dorénavant qu'elle existe toujours. Auparavant, ce que l'enfant ne voyait pas avait disparu. On comprend aisément pourquoi il réclamait à hauts cris la réapparition de cette mère disparue : ce n'est pas seulement la faim ou les couches mouillées qui font pleurer les bébés.

Entre 6 et 10 mois, l'enfant mène d'ailleurs des expériences qui l'aident à comprendre graduellement cette réalité. Assis dans sa chaise et tenant à la main un objet, il fait de la magie. Comme le relâchement des objets est involontaire jusqu'à 9 ou 10 mois, l'enfant de 6-10 mois qui tient un objet dans ses mains peut se retrouver les mains vides sans trop savoir comment : il a fait disparaître l'objet. Puis il se rend compte que cet objet, qu'il avait en main quelques instants plus tôt, se retrouve maintenant par terre ; il n'avait donc pas disparu, même s'il ne le voyait plus. Il répète ce jeu avec plaisir.

Le jeu de « coucou ! » en est un autre qui l'aide à saisir cette réalité. Quand vous cachez votre visage derrière une couverture, puis que vous le faites réapparaître, l'enfant prend plaisir à anticiper vos gestes et il est ravi de constater qu'il avait raison de penser que vous étiez toujours là. Vers 18 mois, comme le concept de permanence de l'objet est bien intégré, l'enfant craint moins d'être séparé de sa mère puisqu'il sait dorénavant qu'elle ne disparaît pas quand il ne la voit plus.

Sur le plan affectif, l'enfant peut manifester de la peur face à un étranger, réagissant par des cris ou des pleurs. Toutefois, cette peur ne concerne habituellement que les adultes et non les autres enfants. Ce comportement, observable chez certains enfants vers 8 mois, est souvent associé par les parents à une timidité naissante : il n'en est rien. Il faut plutôt comprendre une telle réaction comme une manifestation d'attachement de l'enfant aux siens. Il distingue les personnes de son entourage des inconnus, envers lesquels il manifeste une certaine réserve.

Dans certaines situations, l'enfant utilise un objet pour se rassurer ; ainsi, il réclame sa couverture ou son ourson quand il se couche ou quand il se fait garder. Un tel objet consolateur, adopté par 80 % des bébés, le réconforte quand il a de la peine et l'aide à supporter d'être séparé des siens. Cet objet, même vieux et déchiré, est un précieux trésor pour l'enfant.

À cette période, ses partenaires de jeu sont ses parents, ainsi que ses frères et sœurs. Il apprécie la présence des autres enfants mais il ne peut pas encore partager ses jouets ni véritablement jouer avec eux.

Intérêts de jeu

Durant cette période, l'enfant prend plaisir à saisir des objets de différentes formes et à les manipuler. Il aime explorer son environnement. Vers 10 mois, il s'amuse à emplir et vider inlassablement les contenants (mettant à profit sa nouvelle habileté à pouvoir relâcher les objets), à les ouvrir et les fermer. Il aime emboîter les objets, faire rouler le ballon, regarder un livre avec papa ou maman. Il amorce sa carrière de constructeur en faisant des tours de quelques blocs, ayant toutefois au départ plus de plaisir dans celle de démolisseur en les faisant tomber. Il adore bouger, se déplacer, imiter les gestes de papa ou maman. Il prend plaisir au jeu de «coucou», à faire «bravo» et «au revoir» de la main.

À cette étape, il s'intéresse davantage à son action qu'à la présence des autres enfants.

Positions de jeu

L'enfant adopte différentes positions de jeu : il joue assis par terre, couché sur le ventre ou sur le dos, à genoux près d'une table basse. Il apprend à garder son équilibre dans ces différentes positions et à se protéger pour éviter de tomber.

De 18 mois à 3 ans : l'enfant joue de façon conventionnelle, puis de façon imaginative

Au cours de cette période, l'enfant apprend d'abord à utiliser les objets pour leur fonction première et il prend plaisir aux jeux de construction. Par la suite, il imagine de nouveaux usages pour les objets : il développe son jeu de faire semblant.

Caractéristiques de l'enfant

Vers 18 mois, l'enfant comprend la véritable fonction des objets et les utilise en conséquence. Il sait faire rouler le ballon ou faire avancer son camion sur le sol. Auparavant, l'enfant se servait des objets de façon isolée ; maintenant il commence à les combiner. Le camion transporte des animaux, la poupée est couchée dans son lit. L'enfant apprend facilement le fonctionnement d'un nouveau jouet.

À l'étape précédente, l'enfant cherchait à quoi pouvaient servir les objets ; à celle-ci, il leur trouve de nouveaux usages. Il imite des scènes de la vie quotidienne et ses imitations ne sont pas toujours, comme auparavant, en temps direct ; désormais, il est capable de reproduire une situation qu'il a observée quelques jours auparavant.

Il reconnaît son image dans le miroir vers l'âge de 18 mois. Votre enfant est plus jeune et vous êtes convaincu qu'il se reconnaît déjà dans le miroir ? Voici un petit test pour le vérifier. Mettez une gommette ou de la crème sur le nez de votre enfant et amenez-le devant le miroir. S'il enlève spontanément l'intrus sur son nez, il vous donnera ainsi la preuve qu'il sait que le bébé dans le miroir, c'est lui et qu'il comprend qu'en enlevant la gommette ou la crème sur son nez, elle disparaîtra aussi dans le miroir. S'il ne réagit pas tout en se regardant intensément, c'est qu'il n'a pas encore acquis cette connaissance.

Puis vient le jeu symbolique, qui requiert une nouvelle activité mentale chez l'enfant : la représentation. Dorénavant, l'enfant est capable de se représenter un objet à partir d'une image mentale, utilisant le symbole de cet objet ; il se réfère à un objet absent comme s'il était présent grâce à un mot, à un dessin, à une illustration ou à un autre objet. Ainsi, il peut se représenter une pomme à partir du mot « pomme », d'une forme ronde et rouge sur un papier, de l'image d'une pomme dans un livre ou d'une balle rouge. L'enfant comprend que le symbole n'est pas l'objet, mais qu'il le représente. Dès lors, il a un véritable attrait pour les histoires illustrées car il saisit que les images représentent des objets précis.

L'enfant est alors prêt pour le jeu de faire semblant. Un petit test pour savoir si votre enfant est rendu à cette étape ? Avec un livre d'images, amusez-vous à simuler diverses actions : manger la pomme représentée dans le livre, éteindre la chandelle ou sentir la rose. Peut-être votre enfant vous trouvera-t-il de prime abord un peu bizarre, mais après une brève hésitation, son sourire vous informera qu'il comprend ce que vous faites et qu'il trouve cela amusant. Si tel est le cas, vous saurez que votre enfant comprend que l'image est une représentation, un symbole de la réalité (ce n'est pas une vraie rose, ce n'est qu'une image), mais qu'on peut s'amuser à faire comme si c'était vrai ; en d'autres mots, qu'il comprend le jeu de faire semblant. S'il persiste à vous regarder étrangement et ne semble pas réagir à ce que vous faites, attendez quelques semaines. Il doit d'abord connaître les divers objets et leurs fonctions respectives avant de s'amuser à ce type de jeu.

Ce jeu de faire semblant est à la base du développement de l'humour chez l'enfant. À quoi sert l'humour? À rendre la vie plus amusante, bien sûr, en plus d'être lié à la créativité, comme nous le verrons en fin de chapitre.

La première étape du développement de l'humour consiste à utiliser les objets pour autre chose que leur fonction première. Ainsi l'enfant peut faire semblant que cette cuillère de bois est une baguette de tambour, que le bac à linge est un traîneau dans lequel on fait de longues balades dans le salon.

À mesure que son langage se développe, l'enfant commence à jouer avec les mots. Certains mots tels que «pipi» ou «caca» semblent avoir pour les enfants un caractère très drôle qui échappe aux adultes. Toutefois c'est surtout l'appellation inhabituelle des objets qui amuse l'enfant. Vous voulez savoir si votre enfant est à cette étape? Devant un chat, dites-lui: «Oh! Le beau cheval!» Pour qu'il trouve cette affirmation drôle, il doit d'abord savoir ce que sont un chat et un cheval, et savoir aussi que ces deux animaux ne se ressemblent pas. Il comprend alors que le jeu consiste à changer les noms, et il s'amuse à le répéter et à l'appliquer à autre chose. Cette étape ressemble à la première, mais requiert le langage. Changer les cris des animaux peut également faire sourire l'enfant («Moi, mon chat jappe.») dans la mesure où, bien sûr, il sait ce qui appartient à chacun.

Concernant le langage, l'enfant peut apprendre des comptines simples vers l'âge de 2 ans. Il sait pointer sur demande les parties du corps, commençant par celles du visage, puis il pourra les nommer. Il en est de même pour les couleurs; il identifie lesquelles sont semblables, les pointe sur demande avant de les nommer.

Quant au dessin, les premiers essais de l'enfant sont des gribouillis: il n'a alors aucune intention de représenter quoi que ce soit. Ce qu'il veut, c'est faire glisser le crayon sur la feuille et y laisser sa marque, ce qui est davantage une expérience motrice qu'une activité d'expression. Il joue volontiers avec les couleurs et s'amuse du résultat produit par le mouvement de sa main.

En ce qui concerne la motricité fine, on peut observer vers l'âge de 2 ans que l'enfant préfère une de ses mains pour faire des activités comme gribouiller, manger, ou saisir des objets. Cependant, sa latéralité (le fait d'être droitier ou gaucher) ne s'établit définitivement qu'au stade suivant. À cette étape-ci toutefois, sa coordination fine s'améliore; il peut enfiler des perles sur un cordon. Il réussit à faire une tour avec des blocs, tour qui montera avec l'âge; à 18 mois, elle se compose de trois ou quatre blocs, à 24 mois, elle en compte six ou sept et à 36 mois, neuf ou dix. En ce qui concerne le découpage, l'enfant de 2 ans a besoin qu'on lui tienne le papier parce qu'il saisit les ciseaux à deux mains quand il tente de faire un trait dans le papier.

Au cours de cette période, l'enfant raffine ses déplacements. Il apprend à courir, à monter et à descendre les escaliers. Vers 18 mois, il commence à lancer un ballon et vers 2 ans, il le frappe avec le pied.

Sur le plan affectif, c'est une période où l'enfant s'affirme; il veut faire les choses tout seul. Comme il le dit souvent, « Je suis capable. » Certains comparent cette période à une première adolescence. De fait, vers 2 ans, l'enfant a un grand désir d'autonomie : lors d'une promenade avec papa ou maman, il refuse de lui donner la main ou d'être porté dans ses bras. Il ne faut pas voir ce comportement comme une confrontation de l'autorité parentale, mais plutôt comme un besoin chez l'enfant de s'affirmer. Il fait d'ailleurs preuve d'ambivalence : il veut décider par lui-même, mais en même temps il craint d'aller trop loin et de perdre alors l'amour de ses parents. Il hésite entre devenir un grand et rester un bébé. Fréquemment, il manifeste des peurs : peur d'être dévoré, peur des gros animaux, peur du noir. Établir et respecter un rituel au moment du coucher peut diminuer ces peurs, qui surgissent davantage le soir. À cet âge, l'enfant a du mal à tolérer la frustration et à attendre. Ce qu'il désire, c'est tout de suite qu'il le veut.

Cette période est caractérisée par la répétition, l'exploration et les essais-erreurs. Par ses tentatives répétées, l'enfant parvient à diminuer les erreurs et à agir de plus en plus efficacement.

Sur le plan social, c'est l'étape du jeu en parallèle; l'enfant aime être en présence d'autres enfants sans toutefois vraiment partager leurs jeux. Vers 3 ans, il a plaisir à jouer avec d'autres enfants mais les querelles et les discordes sont fréquentes.

Intérêts de jeu

Témoignant de ses préoccupations en lien avec l'entraîne-ment à la propreté, il manifeste un grand intérêt pour les jeux salissants qu'il fait avec la glaise, la peinture aux doigts ou du sable. Il chérit aussi les jeux de contrôle: collectionner, aligner, classer, vider et remplir. Il aime jouer au ballon, se balancer au parc, faire des tours de blocs de plus en plus hautes, regarder des livres illustrés. Il commence à courir et il apprend à utiliser des outils: crayon, ciseaux. Il aime imiter les actions de papa et de maman (comme maman, il fait des biscuits... en pâte à modeler), puis il utilise les objets pour autre chose que leur fonction première: un bloc devient une auto, un bâton, une brosse pour son ourson. Il apprend avec plaisir à jouer à la cachette et il aime bouger.

Positions de jeu

Comme ses habiletés motrices se raffinent, il sait conserver son équilibre dans les diverses positions de jeu: assis, debout, accroupi, à genoux.

De 3 à 5 ans: l'enfant développe ses scénarios de jeu

Compte tenu de ses habiletés, l'enfant de cet âge peut doré-navant inventer ses propres scénarios de jeu.

Caractéristiques de l'enfant

L'enfant puise abondamment dans son imagination pour créer un jeu: il imagine des scénarios plus élaborés qu'à l'étape précédente, donnant des rôles précis aux divers personnages. S'il les partage avec des partenaires, ces jeux de rôles favorisent le développement de la sociabilité de l'enfant car il doit tenir compte des autres et partager le matériel de jeu. À cet âge, l'en-fant prend plaisir à se déguiser et, son imagination aidant, il le fait avec un minimum d'accessoires: il suffit d'un linge à vaisselle noué sur les épaules pour qu'il devienne *Superman* délivrant un ami aux prises de terribles ennemis.

Dans la phase précédente, l'enfant a découvert le monde concret des objets; il commence maintenant à jouer avec des concepts, des mots, des idées. De 3 à 5 ans, l'enfant croit aux fantômes, aux fées et... au père Noël. Tout ce qu'il désire ou imagine est réel. De fait, jusque vers 4 ans, il a du mal à distinguer la réalité de la fiction. Il se retrouve dans un univers parfois plus près du rêve que de la réalité. Ce qu'il ne comprend pas, il l'imagine. Cela aussi peut faire naître des peurs et provoquer des cauchemars.

Sur le plan du développement de l'humour, l'enfant, vers 3 ans, trouve amusant d'imaginer des liens entre des objets et des actions qui ne vont pas ensemble. Par exemple, imaginer une bicyclette avec des roues carrées, dessiner des poissons volant dans le ciel, des oiseaux nageant dans l'océan. L'enfant doit avoir assimilé les divers traits de l'objet et être conscient du caractère insolite de ces juxtapositions pour les trouver amusantes. Après avoir joué avec les mots à l'étape précédente, il est maintenant capable de jouer avec des concepts.

La prochaine grande étape du développement de l'humour chez l'enfant n'aura lieu que vers 7 ou 8 ans, quand il comprendra qu'un même mot peut avoir deux sens différents. Il sera alors fasciné par des jeux de mots à double sens : « Qui a inventé les gants ? Réponse : Un humain (un nu-main). » En attendant, pour l'enfant de 3 ans, chaque mot a un sens unique. À titre d'exemple, une maman enceinte invite son fils de 3 ans à mettre sa main sur son ventre pour sentir bouger le bébé. Elle lui demande : « Le sens-tu ? » En inspirant une bonne bouffée d'air, l'enfant lui répond : « Hum ! Il sent bon. » Pour l'enfant de cet âge, on sent avec son nez, pas avec sa main. Un autre exemple de cette caractéristique de la pensée de l'enfant qui donne lieu à des jeux de mots savoureux ? Cet enfant déclare, un bon matin, que ce qu'il a devant lui n'est certainement pas un œuf à la coque, mais bien… un œuf à la poule ! Pour lui, le mot « coq » ne peut faire référence qu'au mâle de la poule.

Dans ses dessins, l'enfant tente maintenant de reproduire des objets ou des personnes, mais vers 3 ans, mieux vaut attendre qu'il ait terminé pour lui demander ce qu'il dessine. Il ne saurait répondre… puisqu'il n'a pas terminé. Dépendamment des lignes tracées par son crayon, une fois son dessin terminé, il trouve une ressemblance avec un objet ou une situation, et peut alors nommer ce qu'il a fait. Ses dessins peuvent d'ailleurs changer de description dans le temps : quelques mois plus tard, il peut y voir tout autre chose.

Jusque vers 7 ou 8 ans, il dessine ce qu'il connaît et non ce qu'il voit. Ainsi, comme il sait qu'une auto a quatre roues, l'enfant les dessine toutes, peu importe la position de la voiture. Dans ses dessins, on peut aussi noter des effets de transparence : on voit le corps et les jambes d'un personnage même s'il est couché sous une couverture ou assis dans l'auto.

En ce qui a trait au dessin du bonhomme, vers 4 ans, il consiste le plus souvent en une forme ronde représentant la tête, à laquelle sont rattachés deux traits pour les bras et deux autres pour les jambes. C'est le bonhomme têtard. Puis, l'enfant dissocie la tête du tronc, faisant deux cercles l'un sur l'autre, à la manière des bonhommes de neige. Le cou n'apparaît que plus tard.

Les habiletés motrices et cognitives de l'enfant lui permettent dorénavant de faire des constructions simples qui stimulent chez lui le sens mathématique et la logique : rapport taille-espace, notion de gravité, logique de l'assemblage.

Désormais, il sait utiliser efficacement les ciseaux et le crayon. Après avoir tenu les ciseaux à deux mains, il peut maintenant, vers 3 ans, les tenir d'une seule main et faire une frange, utilisant l'autre main pour tenir le papier ; un peu plus tard, il réussira à couper une bande de papier et, ensuite, à découper des formes simples.

Vers 4 ans, la latéralité est en général bien établie : l'enfant est droitier ou gaucher. Il faut alors penser à lui offrir des outils appropriés : ciseaux de gaucher ou de droitier. Sa préhension du crayon se raffine ; après l'avoir saisi à pleine main à l'étape précédente, il sait maintenant le tenir comme l'adulte et de plus en plus près du papier.

Concernant la motricité globale, au cours de cette période, l'enfant apprend à utiliser de l'équipement. Vers l'âge de 3 ans, il pédale sur un tricycle et vers 5 ans, il chevauche une bicyclette. Dès l'âge de 4 ans, il est capable de gestes et de mouvements complexes : on le voit courir avec adresse et il peut apprendre certaines techniques de nage. Il adore les culbutes et les cabrioles, tout autant que les activités extérieures : se balancer, courir, glisser. Vers 5 ans, ses habiletés de coordination lui permettent de patiner et d'apprendre à sauter à la corde.

Sur le plan affectif, l'enfant de 3 ans a encore du mal à supporter les frustrations et il éprouve des difficultés à accepter un délai avant d'obtenir satisfaction. Tout doucement cependant, il apprend à faire des efforts pour obtenir un résultat et il commence à apprécier le fruit d'un travail. À 4 ans, l'enfant aime faire des spectacles et se mettre en valeur. Il est conscient de l'effet qu'il produit et il a une grande confiance en ses capacités.

Sur le plan social, au cours de cette période, les amis prennent de plus en plus d'importance : l'enfant aime jouer avec les autres. Toutefois, vers 3-3 ½ ans, il lui est plus facile de n'avoir qu'un seul partenaire de jeu : cela évite bien des querelles. Non seulement jouer avec un seul ami est plus facile, mais cela correspond aussi à ce que l'enfant préfère. À cet âge, il démontre de l'égocentrisme, qu'il ne faut pas confondre avec de l'égoïsme. L'égocentrisme est une caractéristique de son développement cognitif qui l'amène à tout considérer de son point de vue. Tout le monde pense comme lui et aime les mêmes choses que lui ; son point de vue prime sur celui des autres. Il est incapable de se mettre à la place des autres.

Vers 4 ou 5 ans, ses habiletés sociales se développent : l'enfant apprend alors à partager ses jeux avec d'autres enfants et découvre les joies de l'amitié.

Intérêts de jeu

À cet âge, l'enfant aime faire des casse-tête (puzzles) et des constructions. Les déguisements, le bricolage, le dessin et le découpage l'intéressent également, tout comme les jeux d'imagination et de faire semblant. Il peut dorénavant faire semblant sans même l'aide des objets, buvant d'un verre imaginaire ou coiffant sa poupée avec une brosse invisible. Il apprécie les jeux de société simples (tic-tac-toe, jeu de dames, jeux de mémoire...).

Ses habiletés motrices lui permettent une variété de jeux moteurs (ballons, balles, tricycle, bicyclette) et d'activités extérieures (courir, glisser, se balancer...).

Les autres enfants sont dorénavant ses partenaires de jeux préférés.

Positions de jeu

Comme à l'étape précédente, l'enfant joue dans différentes positions et en change fréquemment.

Le jeu, l'autonomie, la créativité et les capacités d'adaptation

En plus de stimuler les diverses fonctions de l'enfant (motrices, perceptives, cognitives, affectives, sociales), le jeu a un impact sur certaines habiletés qui lui serviront toute sa vie. Le jeu est propice au développement de l'autonomie, de la créativité et de la capacité d'adaptation de l'enfant.

Qu'est-ce que l'autonomie? L'autonomie réfère à la capacité de décider, de choisir. Dans son jeu, c'est précisément ce que l'enfant fait: comme il est le maître d'œuvre de son activité ludique, il décide lui-même à quoi et comment il veut jouer, de même qu'il choisit le matériel de jeu qu'il veut utiliser. En d'autres mots, il organise son activité à sa manière, sans dépendre des autres. Le jeu est donc une voie de choix pour jeter les bases d'une autonomie que l'enfant pourra utiliser dans les autres sphères de sa vie: il apprendra éventuellement à choisir ses vêtements, à décider s'il souhaite des céréales ou des rôties pour son petit déjeuner, à manifester ses préférences.

Par ailleurs, chez l'enfant, l'humour dont nous avons précédemment parlé est associé à la créativité qui lui permet d'envisager une situation de différentes façons ou de trouver plusieurs solutions à un problème. Des études ont démontré depuis longtemps[3] la relation entre le jeu et la créativité, et l'impact potentiel de celle-ci sur la capacité future de la personne à solutionner les problèmes de façon originale.

De fait, la créativité permet de porter un regard différent sur les événements et donc de développer une souplesse d'esprit. Chez l'enfant, la pensée créative se manifeste sous trois formes: la flexibilité, la facilité (*fluency*) et l'originalité. Un exemple permettra de mieux cerner ces différents aspects. Si on demande à des enfants comment ils peuvent jouer avec un contenant de

---

2. J.F. CHRISTIE et E.P. JOHNSEN. «The role of play in social and social-intellectual development». *Review of Educational Research* 1983 53: 93-115.

crème glacée en plastique, certains mentionneront la possibilité que le contenant devienne un chapeau, une banque, un tambour. Il s'agit alors de réponses témoignant de flexibilité puisqu'elles sont très variées. D'autres pourront répondre que le contenant peut être une boîte aux lettres, une boîte pour ranger des trésors, un contenant pour ramasser des roches, un bol à mélanger, un contenant pour jouer dans le sable : ici, on a une grande quantité de réponses qui réfèrent davantage à la facilité de trouver de nombreuses idées mais toutes se regroupent sous un même thème, soit un contenant servant à divers usages. Enfin, on pourrait avoir un enfant qui trouve un usage qui ne serait mentionné par aucun autre enfant, par exemple une baignoire pour poupée. Il s'agit donc d'une réponse originale. Tous ces enfants témoignent de pensée créative mais celle-ci s'exprime de façon différente.

Dans son jeu, l'enfant doit régulièrement trouver des solutions aux imprévus. Sa créativité l'aide à résoudre les difficultés avec ingéniosité et à s'adapter facilement aux situations inattendues. Des enfants créatifs aborderont les problèmes qu'ils rencontrent comme un défi amusant à relever et ne se laisseront pas décourager par les situations imprévues. Dans ce sens, la créativité expérimentée dans le jeu amène l'enfant à développer ses capacités d'adaptation. Ainsi, plus on laisse de latitude à l'enfant dans son jeu libre, plus on favorise une exploration créative, ce qui favorise à son tour le développement de ses habiletés d'adaptation.

Le jeu, l'attitude de jeu et le plaisir d'apprendre

Avec tout ce qui se passe dans le jeu, on comprend aisément que cette activité représente pour l'enfant une avenue de choix qui lui permet de développer toutes ses habiletés. Au-delà de nouvelles capacités, l'enfant développe aussi dans son jeu une attitude particulière, susceptible de l'accompagner tout au long de sa vie ; en effet, selon certains auteurs[4], l'attitude ludique deviendrait un trait de personnalité à l'âge adulte. On connaît tous de ces adultes qui abordent la vie de façon positive, capables

---

3. L.A. BARNETT. « Playfulness : definition, design and measurement ». *Play and Culture* 1990 3 : 319-336.

de dédramatiser les situations difficiles et même d'en dégager des aspects enrichissants. Un tel état d'esprit serait proche parent de l'attitude ludique qui invite à ne pas prendre la vie trop au sérieux et à ne pas se prendre trop au sérieux. Favoriser le jeu chez l'enfant, c'est aussi favoriser le développement d'une telle attitude.

Le jeu permet à l'enfant de faire une autre découverte fort importante et susceptible d'avoir aussi des répercussions sur sa vie future : apprendre peut être amusant. En jouant, il expérimente le plaisir d'être actif, la magie de l'humour et la curiosité de découvrir. L'enfant qui aura expérimenté le plaisir d'agir et d'apprendre sera intéressé à découvrir toute la richesse de son entourage et cela facilitera aussi son intégration en milieu scolaire.

* * *

Comment les différentes notions de développement abordées dans le présent chapitre peuvent-elles être prises en compte par l'adulte qui joue avec l'enfant ? Comment accompagner l'enfant dans toutes ces découvertes ? Comment jouer avec lui et, surtout, pourquoi jouer avec lui ?

Chapitre 5

Pourquoi et comment jouer avec l'enfant?

▼

Si l'on veut s'approcher des enfants,
il faut parfois devenir enfant soi-même.

Nemcova Bozena

Les enfants n'ont ni passé ni avenir et,
ce qui ne nous arrive guère, ils jouissent du présent.

Jean de la Bruyère

Les parents doivent-ils jouer avec leur enfant ou le laisser jouer seul? Cette question soulève un débat chez plusieurs. Être parents, c'est une lourde responsabilité et c'est sérieux, tout à l'inverse du jeu. Le parent qui décide d'être le partenaire de jeu de son enfant ne risque-t-il pas de compromettre son autorité parentale ou alors de rendre son enfant dépendant de lui? Certains parents sont donc hésitants à jouer avec leur enfant, alors que d'autres ne savent pas comment jouer avec lui. Avant d'aborder précisément la question du jeu partagé avec l'enfant et les raisons qui militent en faveur d'un tel rapprochement, voyons les avantages à tirer de l'observation de son enfant au jeu. Déjà, sans partager l'activité de jeu avec l'enfant, un intérêt manifesté envers son action peut apporter beaucoup d'informations à l'adulte et de satisfaction à l'enfant.

Observer son enfant au jeu

Regarder jouer son enfant, être le spectateur attentif de son activité permet aux parents de prendre conscience de ses habiletés, de ses difficultés, de ses réactions par rapport aux objets, aux personnes et aux situations. De la sorte, ils apprennent à le connaître sous un nouveau jour. Le jeu étant son domaine par excellence, l'enfant saura sans nul doute surprendre l'adulte par son ingéniosité et son imagination.

Dans son jeu, l'enfant utilise diverses habiletés, combine des idées, des objets. Une observation attentive de votre enfant vous en convaincra. Après avoir utilisé des blocs pour faire des constructions, votre enfant pourrait quelques mois plus tard en porter un à son oreille. « Quelle drôle d'idée ! », vous direz-vous. Regardez-y de plus près. Ce bloc ne serait-il pas devenu un téléphone ? Si vous entendez un « allô », vous saurez que c'est le cas et, par le fait même, que votre enfant peut imaginer des usages différents pour les objets, qu'il vous a bien observé quand vous répondiez au téléphone, qu'il est capable de vous imiter et qu'il commence à jouer à faire semblant. Beaucoup d'informations se trouvent dans ce simple geste, si on sait le décoder !

De son côté, l'enfant qui est l'objet d'une attention particulière de l'adulte se sent important puisque papa ou maman prend du temps pour le regarder jouer et semble même y trouver du plaisir, à en croire son sourire chaleureux. Ce sentiment d'importance aura un effet direct sur l'estime de soi de l'enfant.

Alors quand vous êtes fatigué ou que vous n'avez aucune envie de jouer avec votre enfant, vous pouvez malgré tout lui donner de l'attention simplement en le regardant jouer.

Par ailleurs, quels sont les avantages à partager le jeu de son enfant ? Plusieurs raisons militent en faveur de jeux partagés entre le parent et son enfant.

Pourquoi jouer avec son enfant ?

Pour les parents, jouer avec leur enfant présente de multiples avantages. Certains de ces avantages sont en lien avec l'enfant (pour se relier à lui, pour le connaître), d'autres avec le parent lui-même (pour profiter du moment présent, pour réduire le stress).

Pour créer une interaction riche et satisfaisante avec l'enfant

Le jeu représente une activité de choix pour créer un lien parents-enfant riche et pour établir une interaction mutuellement satisfaisante. Quand vous jouez avec votre enfant, vous avez du plaisir avec lui et vous appréciez sa présence. Pour l'enfant, jouer avec papa ou maman, c'est aussi être bien avec eux, sans qu'ils aient à son endroit des attentes de performance ou des objectifs d'apprentissage. Dans un tel contexte de liberté partagée, parents et enfant bâtissent une nouvelle complicité et interagissent dans le plaisir.

Pour se découvrir mutuellement

Dans le jeu, tant l'enfant que les parents font des découvertes. Ceux-ci prennent conscience de ce que leur enfant aime, de ce qu'il peut faire, de ses réactions face au succès, à l'échec ou aux situations cocasses. Partager une activité ludique avec leur enfant permet aussi aux parents de mieux comprendre comment il se relie aux autres, comment il propose ses idées, comment il réagit aux leurs. En jouant avec l'enfant, les adultes redécouvrent aussi l'environnement avec les yeux de l'enfance ; les objets, les activités, les situations sont abordés différemment par le regard de leur enfant.

Pour sa part, l'enfant se rend compte que, comme lui, papa et maman aiment rire, qu'ils peuvent avoir parfois de drôles d'idées et qu'ils éprouvent du plaisir à jouer. Dans ce contexte privilégié, en dehors des consignes quotidiennes, vous devenez pour l'enfant un être humain fascinant à découvrir.

Pour profiter du moment présent

Adultes et enfants ont une perception du temps bien différente. Celle de l'enfant est beaucoup plus lente que celle de l'adulte et elle se concentre sur le présent, le seul temps que connaît l'enfant. Pour l'enfant, seul le moment présent est important et sa découverte monopolise toute son attention. Une promenade avec un enfant de 2 ans vous en convaincra. Peut-être prendrez-vous 15 minutes pour faire 10 mètres, mais ce sera grâce à lui que vous aurez remarqué cette fissure dans le trottoir, cette feuille qui a glissé sur le gazon, ce champignon qui pousse près de cette clôture ou ce papier qui s'est faufilé sous le perron. En suivant le rythme de l'enfant, vous ralentissez le vôtre, vous découvrez l'élasticité du temps et vous profitez pleinement du moment présent.

Pour réapprendre à jouer et réduire son stress

Quand vous jouez avec votre enfant, vous avez devant vous le meilleur professeur de jeu qui soit. C'est un « maître ès jeux ». L'adulte a souvent oublié comment jouer. L'enfant saura lui faire redécouvrir le plaisir de s'amuser. N'hésitez pas à entrer dans le château secret ou dans la caverne de l'ours qui s'est temporairement installé dans votre salon.

Si vous donnez à l'enfant suffisamment d'espace pour bouger, si vous lui faites confiance, évitant de toujours lui dire « Attention, tu vas te faire mal », si vous lui parlez, mais surtout si vous l'écoutez, il saura vous entraîner dans une complicité sans pareille et vous ne verrez pas le temps passer. Vos soucis de bureau disparaîtront momentanément et votre stress diminuera d'un cran. Vous redécouvrirez votre cœur d'enfant.

La présence d'un enfant auprès d'un adulte fournit par ailleurs à ce dernier le prétexte pour faire des activités qui, autrement, pourraient être jugées socialement inappropriées, que ce soit se balancer au parc, faire des ricochets dans l'eau avec une pierre plate, faire une course jusqu'au coin de la rue, aller voir un film pour enfants, jouer dans la neige ou communiquer avec les animaux en reproduisant leurs bruits lors d'une visite du jardin zoologique. Par ailleurs, l'humour et le rire qu'entraînent de telles activités sont d'excellents antidotes au stress, autre contribution intéressante du jeu dans la vie de l'adulte.

Dans le même sens, se permettre un peu de folie dans ses journées peut aussi diminuer le stress. Ainsi, par une journée pluvieuse, vous pourriez proposer à votre enfant un pique-nique dans le salon ou une danse sur une musique entraînante qui joue à la radio, ou encore offrir le concert de votre vie à votre bébé assis dans sa chaise haute, devenant pour quelques minutes Céline Dion ou Luciano Pavarotti.

Vous avez envie d'aller marcher sous la pluie avec votre enfant ; pourquoi ne pas succomber à la tentation ? Votre enfant vous suivra avec grand plaisir puisque ce sera une activité inhabituelle qu'il partagera avec vous et il découvrira un parent qui sait avoir des idées amusantes.

Laissez sortir le petit grain de folie qui vous habite. L'humour, le rire et le plaisir sont d'excellents réducteurs de stress. Certains thérapeutes recommandent même à leurs patients stressés de rire trente minutes par jour.

L'enfant aussi sera plus calme si on prend le temps de jouer avec lui ; il n'aura pas à chercher à tout prix à attirer votre attention puisque vous lui en donnez en jouant avec lui.

Apprendre à jouer avec un enfant

Si vous souhaitez partager le jeu de votre enfant, vous devez vous assurer d'en respecter l'esprit. Jouer avec un enfant, c'est faire un voyage extraordinaire dans le monde de l'enfance. C'est en découvrir ses habitants, leurs règles, leurs intérêts. C'est découvrir l'enfant dans toute sa complexité et son génie. Jouer avec un enfant, c'est se mettre à son niveau tant physique que psychologique. C'est se retrouver assis par terre avec lui, créer une douce complicité, rire des mêmes choses que lui. Jouer avec un enfant, c'est d'abord et avant tout avoir du plaisir et partager un moment privilégié avec lui.

Quand on joue avec un enfant, il faut donc se mettre à son diapason et viser le plaisir avec lui. L'adulte peut, à l'occasion, prendre l'initiative de proposer à l'enfant des activités de jeu. Il fera alors appel à son imagination pour trouver des idées amusantes ; il peut aussi s'inspirer des suggestions présentées au chapitre 6. Pour que l'activité proposée par l'adulte soit amusante pour l'enfant, l'adulte doit l'aborder avec spontanéité, curiosité, humour, bref, avec une véritable attitude de jeu. Suggérer un jeu en lui donnant un nom rigolo augmente automatiquement la plaisir anticipé de l'enfant.

Pour que le parent et l'enfant aient du plaisir, mieux vaut choisir un jeu qui plaît aux deux. Les jeux de ballon ne sont pas appréciés de tous les enfants, pas plus que les jeux de marionnettes. Les bricolages en intéressent certains alors que d'autres préfèrent les dessins. Les uns aiment mieux les jeux où on bouge et les autres ceux où on imagine. Sans se limiter exclusivement aux intérêts premiers de l'enfant, il est sage de les respecter et de les privilégier quand on joue avec lui. L'adulte a également avantage à apprécier le jeu. Si vous n'aimez pas un type de jeu, nul besoin de vous forcer : les possibilités de jeu sont infinies et il est facile d'en trouver qui vous plairont tout autant qu'à l'enfant. De plus, comme papa et maman n'ont pas nécessairement les mêmes intérêts, cela contribuera à élargir les expériences de l'enfant avec chacun.

Par ailleurs, la vigilance est de mise afin d'éviter certains pièges.

Pièges à éviter

> *1) Vouloir transformer systématiquement le jeu en activité éducative*

Le premier de ces pièges consiste à vouloir transformer systématiquement le jeu en activité éducative. Quelle tentation pour l'adulte! En effet, pourquoi ne pas profiter de ce temps avec l'enfant pour lui faire nommer les couleurs, vérifier s'il se rappelle les termes de l'espace (dessus, dessous, dedans, en haut, en bas…), voir s'il connaît les chiffres de 1 à 10…? Pour la bonne raison qu'alors, vous dénaturez le jeu: l'enfant n'y a plus de liberté d'action, ni le contrôle de la situation. En conséquence, son plaisir risque d'être évacué et ce jeu cessera rapidement d'en être un pour lui. C'est un écueil à éviter à tout prix, sinon les avantages à retirer de cette activité partagée (complicité, plaisir, détente…) disparaissent.

Pour véritablement jouer avec l'enfant, il faut au contraire délaisser le rôle de l'éducateur pour simplement être bien avec lui.

> *2) Vouloir enseigner à jouer à l'enfant*

Le deuxième piège est de penser qu'il faut enseigner à jouer à l'enfant. Lors d'un anniversaire, nous offrons un jouet à un enfant. Spontanément, en tant qu'adultes, nous lui faisons la démonstration de tout ce qu'il est possible de faire avec cette merveille: « Regarde, quand je presse la manette, il y a de la musique; quand j'ouvre la porte, on voit un personnage. » Nous enseignons alors à l'enfant comment utiliser son jouet. Mais est-ce nécessaire? Pour un jeune bébé oui, mais cette façon de faire n'est plus appropriée avec un enfant à partir de l'âge de 2 ans. De fait, si les conditions requises sont réunies (voir chapitre 3), l'enfant a le potentiel de développer sa façon propre de jouer. C'est un domaine dans lequel il excelle. Il n'a pas besoin de professeur de jeu. Ce sont plutôt les parents qui, eux, peuvent bénéficier de certaines pistes pour jouer avec leur enfant.

Que se passerait-il si, au lieu de démontrer à l'enfant toutes les possibilités du nouveau jouet, nous tentions de susciter son intérêt par des questions l'incitant à le découvrir lui-même ? « Il y a une porte ! Est-ce qu'elle s'ouvre ? Oh ! Il y a quelqu'un derrière ! Que se passe-t-il quand tu presses cette manette ? Eh ! Tu fais de la musique ! » Alors, nous aidons l'enfant à découvrir lui-même les caractéristiques et le fonctionnement du jouet et à se l'approprier. Face à un nouveau jouet, on peut le guider pour qu'il en découvre toutes les facettes et, par la suite, il utilisera ses ressources pour y jouer à sa façon.

La même philosophie s'applique au dessin. Il n'y a pas de façon unique de dessiner une maison, un arbre ou de dessiner maman. Qui a décidé qu'on ne pouvait pas imaginer une maison qui touche le ciel, un arbre rouge ou maman avec des cheveux aux couleurs de l'arc-en-ciel ? L'enfant est tout à fait capable de développer son style personnel et n'a nullement besoin d'un professeur de dessin.

Vouloir organiser toutes les activités de notre enfant, y compris son jeu et ses activités de dessin, représente un danger, celui de le maintenir dans un état de dépendance à notre égard. Si on lui dit toujours quoi faire et comment le faire, comment apprendra-t-il à choisir, à décider, à s'affirmer, à trouver des solutions à ses problèmes ?

L'adulte peut bien sûr enrichir le jeu par des suggestions qu'il peut soumettre à l'enfant, mais il doit éviter de prendre le contrôle du jeu.

3) Participer de façon trop intense au jeu de l'enfant

Enfin, un dernier piège qui guette certains parents concerne l'intensité de leur participation au jeu. Se voulant des compagnons de jeu enthousiastes, certains prennent une place telle qu'ils se substituent aux choix de l'enfant et envahissent son jeu. L'enfant est alors dépossédé d'un temps qui devrait lui appartenir et d'initiatives qui lui reviennent.

Parfois, de façon non délibérée, l'adulte entre en compétition avec l'enfant. C'est le cas de celui qui joue avec une telle passion avec de petites voitures qu'il en oublie presque la présence ou les désirs de l'enfant, ou de cet autre qui, retrouvant une activité de coloriage ou de dessin tellement appréciée dans son jeune âge, ne voit pas le découragement se peindre sur le visage de l'enfant qui prend conscience qu'il est loin de pouvoir faire aussi bien.

Évolution de l'accompagnement parental selon l'âge de l'enfant

Si on y regarde de plus près, environ le tiers des interactions parents-bébé peuvent être considérées comme un jeu. Quand les besoins de base sont satisfaits, que l'enfant est éveillé, les interactions parents-bébé sont purement sociales et peuvent très bien être considérées comme ludiques, que ce soit les petits mots doux murmurés à son oreille, les caresses, les bercements, les chansons. Dans les premiers mois de vie, il revient aux parents de rendre l'enfant curieux et de susciter son intérêt pour les objets et les personnes qui l'entourent.

À mesure qu'il grandit et que ses habiletés se développent, l'adulte doit apprendre à laisser l'initiative à l'enfant, à le laisser diriger le jeu : c'est son univers. C'est à lui de décider ce qu'il veut faire avec les blocs (une tour, une maison ou un train), ce que la poupée souhaite (manger, se faire coiffer, s'habiller…), où veulent aller les petites voitures, ce qu'il advient de tel personnage. L'adulte n'a alors qu'à se laisser guider par l'enfant. Ce dernier prendra plaisir à tendre un objet à son partenaire adulte, à lui dire quoi faire, à lui annoncer ce qui va se passer et à lui donner un rôle précis à jouer. En décidant, en choisissant, en prenant des initiatives, l'enfant renforce son estime de soi et développe son autonomie.

Doit-on jouer souvent avec son enfant?

En période d'éveil, le bébé apprécie que papa ou maman lui parle, attire son attention sur les objets et les personnes, l'invite à manipuler des jouets. Mais cela ne veut pas dire qu'il faut constamment jouer avec lui et attendre son coucher pour accomplir ses autres activités. Le placer de façon à ce qu'il vous voit, lui parler pendant que vous préparez le repas sont autant de manières de faire pour que votre enfant se sente entouré et en même temps stimulé par ce qu'il regarde, par ce qu'il entend.

À mesure que l'enfant vieillit, il devient plus actif et il aime que papa ou maman participe à son activité de jeu, surtout si le parent le fait à un moment où il en a vraiment envie. Si les parents incluent des périodes régulières de jeu avec l'enfant dans la journée (quand bien même ce ne serait que quinze minutes), ils lui disent que jouer avec lui est important pour eux, qu'ils apprécient ce moment de douce complicité. De plus, ils vont au devant du besoin d'attention de l'enfant et évitent de se faire demander constamment de jouer avec lui.

Pendant ces périodes de jeu, les parents servent de modèles à l'enfant, lui faisant prendre conscience du plaisir qu'il y a à jouer, à tenter des expériences, à prendre des initiatives, sans compter qu'ils renforcent leur relation avec leur enfant. Jouer régulièrement avec son enfant est plus important que de jouer longtemps.

N'hésitez pas à retrouver votre cœur d'enfant et à redécouvrir la magie qui s'opère quand on s'abandonne au plaisir de jouer. L'enfant doit cependant avoir aussi des moments à lui pour s'organiser comme il l'entend: ce sera l'occasion de tenter de nouvelles expériences avec ses jouets, de répéter les jeux faits auparavant avec papa ou maman. Apprendre à jouer seul contribue aussi au développement de son autonomie.

Il doit aussi avoir des moments pour jouer avec d'autres enfants (sous la supervision discrète de l'adulte), pour découvrir le plaisir du jeu partagé avec des partenaires de son âge.

CHAPITRE 6

À QUOI JOUER ?

▼

> *Les seuls artistes à qui je céderais*
> *mes tableaux, ce sont les enfants.*

Henry Miller

> *Rien ne se perd plus facilement*
> *que le sens du jeu.*

Jim Harrison

Quand l'adulte souhaite jouer avec l'enfant, il peut se laisser guider par ce dernier et le suivre dans son monde. Il peut aussi à l'occasion suggérer des jeux pour élargir ses intérêts et lui faire vivre de nouvelles expériences, particulièrement dans les premiers mois de vie de l'enfant. Dans cet esprit, ce chapitre présente de nombreuses suggestions de jeu selon l'âge de l'enfant, qui peuvent aider l'adulte en manque d'imagination.

Ces suggestions touchent toutes les sphères de développement et suivent les trois étapes présentées dans le chapitre 4. Quand vous avez envie de jouer avec l'enfant (et alors seulement, sinon le plaisir ne sera pas présent, pas plus que le jeu), vous pouvez choisir, parmi les activités qui suivent, celles qui vous intéressent et les proposer à l'enfant.

Pour susciter l'intérêt d'un enfant plus vieux, proposez-les comme un jeu, donc avec enthousiasme et humour; si en plus vous donnez un nom rigolo à l'activité, vous capterez à coup sûr l'intérêt de l'enfant.

Des suggestions d'activités de jeu
De 0 à 6 mois: jouer avec bébé

Éveiller un jeune bébé, c'est saisir toutes les occasions de nourrir sa curiosité naturelle et de satisfaire son désir d'en savoir plus, tant sur lui-même que sur son environnement. Voici quelques suggestions pour s'amuser avec bébé.

L'inciter à regarder

- **Les yeux dans les yeux!** Le regarder et attirer son regard, répondant ainsi à son intérêt pour le visage humain.

- **«Regarde-moi ça!»** Attirer son attention sur des objets susceptibles de capter son attention: objets de couleurs contrastées, de couleurs vives, de grosseurs et de formes différentes, mobile musical.

- **Le clown rigolo.** S'amuser à faire le clown devant lui en reproduisant des grimaces: une bouche qui sourit exagérément et se referme bruyamment, ou qui imite le bruit d'un moteur, des sourcils qui s'arquent, des yeux qui clignent, une langue qui s'agite puis disparaît, des lèvres qui frissonnent, des joues qui se gonflent. Aucun bébé ne résiste à ces mimiques et, vers 6 semaines, elles feront peut-être surgir le premier sourire de bébé.

- **«Je fais comme toi.»** Imiter ses expressions faciales, ce qui maintient son intérêt à vous regarder.

- **Le miroir qui réfléchit.** Installer un miroir près de la table à langer. Le jeu de la lumière sur le miroir et le mouvement de ses bras et de ses jambes attireront son regard.

En amenant le bébé à être attentif visuellement à son environnement, on l'incite à établir, par le regard, un contact avec les objets et les personnes. De telles activités l'aident à développer sa capacité à fixer une cible, à en suivre les déplacements et à regarder les gens autour de lui. De plus, le contact visuel entre un adulte et un enfant aide à établir une interaction entre eux. Si l'enfant vous regarde, vous serez davantage porté à le regarder et à lui parler.

L'inciter à écouter

- **« Qu'est-ce qu'on fait maintenant ? »** Prendre l'habitude de parler à l'enfant quand vous lui prodiguez des soins : « Je vais changer ta couche… Maintenant, tu sens bon. » Ce n'est pas parce que bébé ne parle pas qu'il ne bénéficie pas de votre monologue. Bien au contraire : en plus de stimuler son audition, vous lui faites entendre des mots qu'il comprendra dans quelques mois, précisément parce qu'il les aura entendus de nombreuses fois. Il pourra les utiliser à son tour.

- **« Fais dodo… »** Chanter à l'enfant de douces berceuses qui, en plus de susciter son intérêt, le prédisposent au sommeil.

- **« Regarde-moi parler ! »** Vous placer devant l'enfant quand vous lui parlez : il verra bien votre visage et votre bouche, vous capterez ainsi son regard, lui offrant une stimulation aussi bien visuelle qu'auditive.

- **« Aaaa ! Oooo ! »** Imiter les sons qu'il fait, ce qui l'incite à les répéter à son tour.

- **« Écoute ! »** Lui faire écouter le tic-tac d'un réveille-matin ou d'une montre dans une oreille puis dans l'autre.

    Par de telles activités, vous éveillez l'attention de votre enfant aux mots et aux sons.

L'inciter à toucher et à être touché

- **Vive les câlins et les bisous !** Lui faire des câlins, des caresses, des massages : le bain et l'« après-bain » sont des moments privilégiés pour ces activités. En plus d'offrir à l'enfant une stimulation tactile, vous l'aidez aussi à ressentir les différentes parties de son corps en le lavant, en l'essuyant au sortir du bain, en le caressant, en l'enveloppant dans vos bras. Ce contact rapproché lui communique également votre amour pour lui.

- **Que c'est doux !** Lui faire découvrir la douceur des objets, en promenant sa main sur la peau de maman, sur la couverture de flanelle toute douce, en caressant sa joue avec son ourson.

- **Le vent taquin !** Lors de sorties, ne pas toujours cacher complètement son visage pour lui permettre de sentir le vent et même la neige sur sa peau.

- **À découvert!** À l'intérieur de la maison, quand la température le permet, le laisser en couches pour qu'il enregistre différentes sensations avec ses pieds, ses jambes et ses bras.

- **Quel doux vent!** Souffler doucement sur sa main; il comprend alors que vous êtes la cause de cette agréable sensation.

Par le toucher, bébé découvre la texture des objets environnants. Le toucher peut aussi faire fonction de messager affectif; quand vous le prenez dans vos bras, vous pouvez lui communiquer votre amour et votre tendresse.

L'inciter à saisir des objets

- «**Tiens, c'est pour toi.**» Mettre un objet dans sa main; vous pouvez alors observer le réflexe d'agrippement qui lui permet de tenir cet objet sans même en être conscient; il en est de même quand vous déposez dans sa paume votre index sur lequel il referme les doigts.

- **Des jouets pour ses mains.** Déposer à la portée de l'enfant des jouets faciles à saisir, des jouets qui peuvent être pris à pleines mains (hochets, jouets de dentition). L'enfant tente de les toucher puis de s'en saisir; il pratique ainsi sa coordination œil-main. Si l'objet réagit au mouvement de l'enfant, par exemple un hochet musical, l'enfant expérimente le lien de cause à effet, découvrant que c'est son geste qui provoque le bruit.

Lui faire découvrir le mouvement

- **Lourde, lourde, la tête!** Comme le bébé est généralement couché sur le dos dans son lit, compte tenu des craintes associées au syndrome de mort subite, il est recommandé, en périodes d'éveil, de le mettre à plat ventre sur un tapis ou une couverture à même le plancher. Il n'y a pas de danger puisque vous pouvez le surveiller et qu'il est sur une surface rigide. Très tôt, vous observerez qu'il tourne sa tête d'un côté et de l'autre, puis qu'il la redresse quelques secondes.

Les premières fois que l'enfant sera couché sur le ventre, il manifestera sans doute son désaccord puisque, dans cette position, relever la tête lui demande un effort. À vous de capter son attention et de susciter son intérêt en vous plaçant face à son visage sur le plancher et en l'invitant à vous regarder, donc à redresser la tête, luttant contre la gravité. Pour varier, vous pouvez déposer des jouets devant lui. C'est dans cette position qu'il pratiquera plus tard ses premières roulades sur le dos.

- **En roulant !** Vers 4-5 mois, pour l'inciter à se tourner sur le ventre quand il est couché sur le dos, déposer des objets attirants quelques centimètres au-dessus de sa tête, de part et d'autre. Pour mieux les voir, l'enfant renversera la tête vers l'arrière et tendra le bras vers ces objets, ce qui l'amènera à se tourner sur lui-même. Vous remarquerez qu'au début, il tourne tout d'un bloc, puis il le fait par segments, d'abord les épaules, suivies des hanches.

- **Le doux roulis !** Le balancer doucement dans vos bras lui fait ressentir le mouvement dans l'espace et le console aussi à l'occasion.

- **En avant, toutes !** Faire le mouvement de pédalage avec ses jambes, lors des changements de couches, lui fournit une sensation agréable tout en lui faisant expérimenter des mouvements alternés aux membres inférieurs, comme ceux qui seront sollicités lors de la marche.

De telles expériences permettent à l'enfant d'enregistrer les mouvements dans l'espace et surtout de sentir son corps en mouvement.

De 6 à 18 mois : jouer à explorer et à manipuler
Les yeux pour découvrir l'espace, les objets et les personnes

- **La nature bouge.** Lui faire voir la neige qui tourbillonne à l'extérieur ou les feuilles que le vent fait tomber.

- **C'est grand, grand !** Lors de sorties à l'extérieur, le prendre dans vos bras et lui faire découvrir la nature environnante : les feuilles qui se balancent, les enfants qui jouent, le chien qui court devant vous, ce champ visuel tellement plus vaste que celui que connaît l'enfant à l'intérieur de la maison.

- **Les objets bougent.** L'inviter à suivre du regard un objet en mouvement : un mobile qui tournoie, un objet qui se balance.

- « **Vois-tu ?** » Attirer son attention sur le détail d'un objet ou d'une image, ce qui intéresse particulièrement l'enfant à partir de l'âge de 8 mois.

- « **Coucou ! Tu ne me vois pas !** » S'amuser à faire des jeux de « coucou », en cachant votre visage derrière vos mains ou sous une couverture et en le faisant réapparaître ; l'enfant qui commence à saisir le concept de permanence de l'objet apprécie beaucoup ce jeu.

- « **Peux-tu le trouver ?** » Une variante du jeu précédent consiste à cacher un objet sous une couverture et à demander à l'enfant de le trouver. Quand il devient facile pour lui de repérer l'objet, on complique le jeu en faisant semblant de placer l'objet à un premier endroit pour finalement le déposer dans un autre. Même si l'enfant voit faire l'adulte, les premières fois, il cherche l'objet dans la cachette initiale.

- **Le miroir magique.** Lui faire découvrir la magie du miroir qui copie ses gestes et qui lui montre une personne, même si elle est derrière lui ; cela l'amusera, malgré qu'il ne s'y reconnaît pas avant l'âge de 18 mois.

- **Devenir miroir.** Assis face à l'enfant, l'inviter à reproduire vos gestes : poser une main sur sa tête, fléchir la tête de côté, sourire à pleines dents.

- **Le tourbillon.** Lui faire voir l'eau qui tournoie dans la cuve des toilettes quand vous actionnez la chasse d'eau. En plus de lui apporter une nouvelle expérience, c'est aussi l'occasion de le familiariser avec ce bruit étrange.

- **Le langage des yeux.** Faire parler vos yeux : lui dire votre amour en le regardant, témoigner de votre complicité en lui faisant un clin d'œil de loin.

- **Oh ! Les jolies bulles !** L'inviter à suivre du regard des bulles de savon et à les crever avec sa main.

- **On contrôle le soleil.** Par une journée ensoleillée, lui faire voir les reflets du soleil que vous projetez sur le mur à l'aide d'un petit miroir.

La vision contribue de façon majeure au développement de l'enfant ; grâce à elle, celui-ci a accès aux caractéristiques visuelles des objets (grandeurs, formes, couleurs) et il apprivoise le concept de permanence de l'objet. Le regard a aussi un pouvoir d'expression et familiarise l'enfant avec la communication non verbale.

Écouter et parler

- **« Tu veux ça ? »** Si un son semble avoir une signification précise pour l'enfant, réagir en tentant de l'interpréter ; toucher l'objet qu'il semble vouloir, le nommer sur un ton interrogatif, le lui tendre.

- **L'instrument magique.** Lui faire entendre la voix de papa au téléphone.

- **Le jeu du perroquet.** Répéter un son ou un mot qu'il émet, ce qui l'incitera peut-être à vous imiter à son tour.

- **Le magicien de la voix.** Susciter sa curiosité en changeant le ton de votre voix pour la rendre aiguë comme celle d'un petit enfant ou grave comme celle du père Noël.

- **Le chanteur imprévisible.** Chanter une même chanson sur différents rythmes successifs ou chanter des chansons fort différentes : une douce ballade suivie d'une mélodie endiablée.

- **Le petit oiseau.** Lui faire découvrir que certaines personnes savent siffler comme des oiseaux.

- **On a tout le temps.** Lui donner le temps d'indiquer ce qu'il veut ; en attendant, lui sourire, ce qui lui démontre votre encouragement et votre confiance en lui.

- **Où est-ce ?** Lui demander de pointer les parties du visage que l'on nomme : « Où sont tes yeux ? Et ta bouche ? »

- **Tous ces mots !** Associer les mots aux actions, aux objets, et ce, dans le contexte d'une situation familière. Ainsi, le moment du bain est idéal pour lui faire connaître les parties de son corps : « Je lave ton ventre, tes bras », tandis qu'aux repas il découvre les mots liés à la nourriture. « Voilà de belles carottes ! Veux-tu ton lait ? » Comme il aura entendu souvent ces mots, il les reproduira plus facilement.

- **La chanson-thème.** Adopter une chanson ou une comptine comme thème pour certaines activités. Tout en stimulant l'audition de l'enfant, cela lui permet aussi d'anticiper l'activité; dès qu'il entend cette chanson, il sait ce qui va se passer. Ainsi, «Ma petite vache a mal aux pattes…» peut annoncer les changements de couches.

- **Le langage des mains.** Lui montrer à faire «au revoir» en secouant la main et «bravo» en tapant dans ses mains.
- **Des mots qui expliquent.** Mettre des mots sur ce que fait l'enfant: «Tu laves ton canard? Il est tout propre!»
- **Des sons qui intriguent.** Le rendre conscient des sons quotidiens: le bruit du sèche-linge, le miaulement du chat, le moteur du lave-vaisselle, le téléphone.
- **Le nom des images.** Avec un livre illustré, nommer les images à l'enfant. Plus tard, lui demander de vous les montrer: «Où est le ballon? Et la pomme?»
- «**Vraiment? Mais oui!**» Faire des jeux en alternance, des jeux où chacun intervient à tour de rôle. Par exemple, vous lui parlez, puis vous vous taisez quelques instants et vous recommencez à parler un peu plus tard. Si l'enfant fait un son, réagissez par des commentaires tels que: «Bien sûr.» Ce type d'activité lui donne l'expérience d'un échange verbal où chacun intervient à son tour.
- **Meuh! Meuh!** À compter de 12 mois, l'enfant prend plaisir à apprendre les cris des animaux, utilisant ses animaux en peluche comme références.

En parlant à l'enfant, vous enrichissez sa compréhension de l'environnement et vous servez de modèle pour communiquer. Les bruits ambiants lui deviennent rapidement familiers et lui apportent même un sentiment de sécurité; ainsi la radio qu'il entend dans le salon quand il est au lit le rassure sur votre présence.

Toucher les objets / être touché

- **Voir avec les mains.** L'inviter à chercher divers objets cachés dans le sable, ou dans un contenant rempli de pâtes alimentaires, et à les identifier par le toucher: «Ah! C'est un bâton! Ça, c'est une balle!»
- **Doux? Piquant? Mou?** Lui faire toucher des jouets de différentes textures: doux, rugueux, mou, dur, piquant…

- « **C'est comment?** » Lui faire découvrir diverses sensations lors l'activités quotidiennes telles que le bain ou les repas : froid, le yogourt, mouillé, le savon, sec, le biscuit…

- **La pluie sur ton ventre.** Promener le jet de la douche-téléphone sur son ventre, son dos, ses cuisses.

- **Des bisous, encore des bisous.** L'embrasser sur le ventre ou dans le cou. Jouer à la petite bête qui monte, qui monte.

Pour familiariser l'enfant à une nouvelle texture (la barbe d'un visiteur ou autre), mieux vaut l'inviter à toucher l'objet plutôt que d'y poser soi-même sa main : le petit touchera avec l'intensité et pour le laps de temps que son système nerveux peut supporter.

Sentir

- « **Tu veux sentir?** » Lui faire remarquer l'arôme d'un gâteau qui sort du four, le parfum de maman, la lotion après-rasage de papa, les épices dans la cuisine.

- **L'odeur de la propreté.** Lui faire sentir l'odeur du savon sur son corps lors du bain ou du lavage de mains.

- **Des découvertes grâce au nez.** Le familiariser avec diverses odeurs de la vie quotidienne : aliments (café, oignons), objets (morceaux de bois, de cuir).

- **Wouach!** Lui faire remarquer certaines odeurs moins agréables comme… le contenu de sa couche.

- **Les odeurs de la nature.** Lui faire sentir les fleurs et les légumes rapportés du marché ou du jardin.

Bouger

- « **Le cow-boy fait le tour de la montagne…** » Quand il commence à contrôler son tronc, l'asseoir sur le sol entre vos cuisses, en le tenant par les hanches, et le balancer tout doucement vers la gauche, vers la droite, vers l'avant. Ce jeu, comme les deux suivants, invite l'enfant à développer ses réactions de protection en étendant les mains pour éviter les chutes. Une chanson rythmant les balancements augmente le plaisir de l'enfant.

- «**La montagne fait le tour du cow-boy...**» Faire la même activité, le tenant toujours par les hanches, mais cette fois en étant assis sur une chaise et l'enfant, assis sur l'un de vos genoux avec une jambe de chaque côté. Cette activité est plus difficile que la précédente puisque l'enfant ne peut appuyer les mains sur le sol pour se retenir de tomber.

- **Bouger sans tomber.** Quand l'enfant commence à contrôler son tronc alors qu'il est assis par terre, déposer les jouets devant lui. Lorsqu'il qu'il sait se protéger des chutes vers l'avant, déposer quelques jouets sur les côtés, ce qui l'incite à développer ses réactions de protection de côté.

- **La boîte à marcher.** Fournir à l'enfant une grande boîte de carton qui lui arrive à la taille ou à la poitrine. Cet accessoire remplace avantageusement une poussette ou tout autre jouet commercial à pousser, et incite l'enfant qui commence à marcher à se déplacer sans risque et par ses propres moyens.

- **Le petit cheval.** Installé sur une chaise, les jambes croisées, asseoir l'enfant sur votre pied et le faire sautiller en le tenant sous les aisselles (s'il contrôle bien sa tête) ou par les mains (s'il contrôle aussi son tronc). En plus de l'amuser, ce jeu de cheval lui fait expérimenter des mouvements rythmés et l'invite à contrôler son tronc.

- «**Je vais t'attraper.**» Le poursuivre à quatre pattes; l'enfant aime particulièrement vous voir sur le plancher à ses côtés et il raffole des poursuites qui se terminent par des câlins et des bisous.

Manipuler des objets

- «**Tu mets dedans?**» Fournir à l'enfant un contenant rempli d'objets de différentes formes et grosseurs; il prendra plaisir à les sortir puis à les remettre dedans. Ce jeu favorise divers types de préhension s'adaptant à la forme des objets, tout autant que le relâchement volontaire pour déposer les objets dans le contenant.

- «**Elle est haute, ta tour!**» Avec des blocs de bois, inviter l'enfant à faire un train en les posant les uns à côté des autres, ou alors une tour, qu'il s'amuse ensuite à faire tomber, avant de recommencer.

- **Cuillère à tout faire.** À l'aide d'une cuillère de bois, s'amuser à mélanger des ingrédients imaginaires, puis à goûter à la préparation, ou alors s'en servir comme baguette de tambour.

- **Vive le sable!** Jouer dans le sable, emplir et vider un seau, utiliser une petite pelle, faire rouler une auto, faire des chemins avec les doigts.

- **Jeux dans l'eau.** Lors du bain, lui fournir des jouets à saisir, à emplir, à vider.

- **Et après…?** En regardant un livre avec l'enfant, lui demander de tourner lui-même les pages.

De 18 mois à 3 ans: vive le jeu!
Vers de nouvelles découvertes

- **Une étrange sensation.** Passer le tuyau de l'aspirateur sur sa main ou son bras pour lui faire sentir la vibration.

- **Disparu!** Le rouler ou enterrer certaines parties de son corps dans la neige, dans les feuilles ou simplement dans une couverture.

- **Toucher la nature.** Lui faire toucher l'écorce d'un arbre, une feuille, une branche, et pourquoi pas… un ver de terre.

- **C'est gelé.** Lui faire découvrir à quel point un glaçon qui sort du congélateur est froid.

- **Jouer avec les éléments.** L'enfant aime jouer dans le sable, dans la neige et dans l'eau.

À cet âge, l'enfant est curieux et aime expérimenter de nouvelles sensations.

Jouer avec les bruits et avec les mots

- **Quels sont ces bruits?** L'inviter à reconnaître des sons et des bruits particuliers qui viennent de l'extérieur: sonnette, bruits de voiture, cloche, sirène.

- **À vos rythmes!** Inviter l'enfant à suive le rythme d'une musique ou d'une comptine en frappant dans ses mains.

- **«Dis-moi.»** Lui demander d'identifier des objets familiers: «Où est ton ballon? Vois-tu ton ourson?» Ou de pointer des objets de telle couleur: «Y a-t-il un objet rouge dans la pièce ? » Rappelons que l'enfant pointe les objets avant de les nommer, ce qui est vrai aussi pour les couleurs.

- **« Qu'est-ce que c'est ? »** Lui demander de nommer les parties du visage que l'on pointe : nez, oreilles, bouche.

- **L'oubli volontaire.** Oublier de lui donner un objet nécessaire à une activité. Par exemple, oublier de lui fournir des crayons avec le papier, la cuillère au repas ou du lait avec ses céréales ; ce genre d'oubli l'incite à réagir et à faire des demandes, donc à communiquer ses besoins.

- **Le visage qui parle.** Vous amuser à produire diverses mimiques (joyeuse, surprise, fâchée, fatiguée) ou à identifier celles illustrées dans les livres (« Oh ! La petite fille a l'air fâché ! ») ; tenter de décoder les expressions faciales de l'enfant : « Tu n'as pas l'air dans ton assiette ce matin. » Vous lui montrez ainsi qu'il est possible de communiquer des sentiments par l'expression du visage.

- **« Il était une fois... »** Lui raconter des histoires. À cet âge, l'enfant aime bien qu'on lui répète la même histoire, dont il peut alors prévoir le dénouement. Au cours du récit, la voix qui change d'intonation ou de registre, un clin d'œil, des yeux qui s'ouvrent d'émerveillement et voilà une douce complicité créée avec l'enfant. Une histoire illustrée tirée d'un livre lui permet d'en suivre facilement le déroulement.

- **« Au clair de la lune... »** Lui apprendre des chansons et des comptines simples et lui demander de les rythmer en frappant dans ses mains.

Jouer avec l'humour

Le monde de l'imagination commence à attirer l'enfant de cet âge.

- **Un café pour madame !** Entrer dans le jeu de l'enfant et vous laisser servir ce café qu'il fait semblant de vous préparer. Ne pas hésiter à trouver qu'il manque de lait et à en demander davantage.

- **« Qui est-ce ? »** Laisser les albums de photos à portée de la main et prendre le temps de les regarder en compagnie de l'enfant, identifient les personnes et les lieux.

- **Changement d'identité.** Quand l'enfant reconnaît bien les gens dans son album de photos, on peut s'amuser à changer certains noms sur les photos. Montrant grand-papa, dire à l'enfant : « Oh ! Regarde ! Grand-maman a mis une moustache ! Ça lui va bien… » Cela le fera rire à condition qu'il reconnaisse bien ces différentes personnes.

- **Wouf ! Wouf !** Dans le même sens, s'amuser à imaginer que les animaux changent leurs cris. Regardant un livre d'images, on peut lui dire : « Oh ! Ce cheval-là, il jappe, et ce mouton, il miaule ! » Inviter l'enfant à participer à ce jeu en lui demandant : « Et que fait ce chien ? »

- **Les images vivantes.** À l'aide d'un livre d'images, s'amuser avec l'enfant à les faire vivre en soufflant la chandelle, en sentant la fleur, en prenant une bouchée de la pomme, en ouvrant la radio qui fera entendre une chanson connue de l'enfant, en chatouillant les pieds de la petite fille qui rit aux éclats.

Jouer avec les mains

- **Laisser sa marque.** Proposez à l'enfant de gribouiller, utilisant des craies de cire ou des marqueurs qui ne tachent pas.

- **Clic ! Clic !** Avec des ciseaux à bouts ronds, l'inviter à faire des traits dans une bande de papier qui devient alors une frange à fixer autour du front, à la manière des « Indiens ».

- **La pâte magique.** La pâte à modeler permet de multiplier les gestes à l'infini : on roule de petites boulettes ou de longs boudins, on aplatit des galettes, on utilise un bâton comme couteau pour partager les pointes de la tarte ou de la pizza.

- **Tes doigts, des pinceaux !** La peinture aux doigts permet de créer des chefs-d'œuvre et de mettre à l'épreuve la coordination de l'enfant et sa dextérité.

Jouer à bouger

- **Jeu de la cloche.** Debout et tenant l'enfant sous les aisselles, le balancer de l'avant vers l'arrière entre vos jambes en accompagnant ce mouvement d'un *ding-dong* rythmé.

- **Haut dans le ciel.** Au parc, le balancer en le poussant avec l'intensité qu'il souhaite : plus haut, moins fort.

- **Le partenaire de danse.** Danser avec lui, en suivant le rythme d'une musique.

- **Vroum ! On descend !** Le faire glisser sur la neige ou dans la glissoire au parc.

- **Une course à obstacles.** Organiser une course à obstacles où l'enfant doit suivre un parcours précis : passer sous la table, derrière le fauteuil, courir jusqu'à tel meuble.

- **Jeu de cache-cache dans la maison.** Rapidement, l'enfant comprend le principe de se cacher et d'être trouvé et il prend plaisir à y jouer. Il est amusant de constater qu'un enfant de cet âge, quand il ne peut vous voir — par exemple parce qu'il a dissimulé sa tête sous une table —, pense que vous ne pouvez pas le voir non plus, même si tout le reste de son corps est bien en vue. Graduellement, ses stratégies et sa compréhension du jeu de la cachette s'améliorent.

- **Des pas de géant.** Faire prendre conscience à l'enfant de la trace qu'il laisse quand il marche sur le patio les pieds mouillés. Il pourra s'amuser à tenter d'espacer les traces en faisant de véritables pas de géants, de mettre côte à côte les deux pieds pour les voir en double, de comparer la dimension de la trace qu'il laisse à la vôtre ; toutes ces activités incitent l'enfant à bouger et à expérimenter de nouvelles habiletés.

- **Passer sous le pont.** Couché sur le dos, fléchir les genoux et inviter l'enfant à passer sous ce pont improvisé.

- **La tempête sur la mer.** Couché sur le dos, asseoir l'enfant sur vos genoux et le tenir par les mains. La tempête s'élève, vous vous agitez en tous sens, et l'enfant doit maintenir son équilibre au milieu des flots déchaînés.

- **Le ballon aux mille usages.** S'amuser à faire rouler le ballon par terre, à le lancer, à lui donner un coup de pied en visant une cible.

De 3 à 5 ans : des jeux de grand !
Comptines et histoires

• « **Ainsi font, font, font…** » Lui apprendre des comptines ; la plupart s'accompagnent de gestes simples. Vous stimulez alors son sens du rythme, tout en l'invitant à parler. En voici quelques-unes :

> Ainsi font, font, font, les petites mains agiles
> Ainsi font, font, font, trois petits tours
> et puis s'en vont

> Si tu as le cœur joyeux, frappe des mains,
> Si tu as le cœur joyeux, frappe des mains,
> Si tu as le cœur joyeux, si tu as le cœur joyeux,
> Si tu as le cœur joyeux, frappe des mains.

> Un cerf dans une grande maison regardait par la fenêtre,
> un lapin vint en courant frapper à sa porte ;
> Cerf, cerf, ouvre-moi car le chasseur me tuera.
> Lapin, lapin, entre vite me serrer la main.

> Scions, scions, scions du bois,
> pour la mère, pour la mère,
> Scions, scions, scions du bois,
> pour la mère Nicolas.

Celle-ci (qui vous rappellera peut-être des souvenirs) permet d'apprendre les parties du corps :

> J'ai deux yeux, tant mieux
> Deux oreilles, c'est pareil
> Deux épaules, c'est drôle
> Deux bras, ça va
> Deux fesses qui se connaissent
> Deux cuisses qui glissent
> Deux pieds pour danser

(Tirée de l'émission *Passe-partout* présentée à la télévision par Télé-Québec, dans les années 1970)

Cette dernière permet d'apprendre les voyelles :

> J'ai dit à papa, A A A
> Moi, je voudrais bien que, E E E
> Mon ami Denis, I I I
> Me prête son lasso, O O O

(…)

Mais il n'a pas voulu, U U U
A E I O U

- **Écrivain en herbe.** L'inviter à réaliser son propre livre d'histoire. Prendre quelques feuilles et les déposer sur un carton de couleur, plier le tout en deux ; en brochant dans le centre, vous aurez en main un petit livre qui n'attend plus que l'imagination de l'enfant. Proposez-lui d'inventer l'histoire de son choix. Selon son âge, l'enfant pourra décider seul de l'histoire ou répondre aux questions que vous lui posez, faire lui-même tous les dessins ou requérir votre aide, vous dire quoi écrire ou répondre à vos suggestions. « Une histoire de quoi ? Un chat ? Comment est-il ? Il est rouge ? Alors, ce pourrait être l'histoire du chat rouge ? » Sur le carton, on inscrit le titre et on dessine le chat rouge. « Où est-il ? Il est dans sa maison ? Que fait-il ? Il joue avec un ballon ? » À chaque page, l'histoire progresse. Et à la fin, l'enfant tient fièrement en main un livre qu'il a fait avec vous et qui a sollicité sa compréhension, son imagination, ses habiletés de communication et qui lui a certainement procuré du plaisir.

- **La boîte magique.** Lui faire découvrir l'usage d'un magnétophone ; quoi faire pour enregistrer, écouter, revenir en arrière, effacer et inviter l'enfant à enregistrer une chanson, une comptine ou une histoire de son cru.

- **« Il y a très très longtemps… »** L'enfant commence à apprécier les histoires que l'on invente. Avec un début tel que « Il était une fois… » ou « Il y a très longtemps… » et un personnage central sympathique à qui il arrive plein d'aventures, vous pourrez créer une grande variété d'histoires dont la longueur et la complexité varieront selon l'âge de l'enfant.

- **« Raconte-moi ».** L'enfant sait aussi imaginer des histoires dans sa tête. Il peut être intéressant de lui demander de vous raconter une histoire de son cru.

- **Le jeu du téléphone.** Vous dites rapidement une phrase à l'oreille de l'enfant, qui doit répéter à l'oreille de son voisin ce qu'il a compris. Son voisin fait de même avec celui qui le suit. Après quelques personnes, on demande quel était le message original et, en général, il est étonnant de constater à quel point il a été complètement déformé. Ce jeu peut servir à favoriser sa compréhension de l'environnement.

Découvrir la nature et les sciences

- **Le chimiste en herbe.** L'enfant de cet âge prendra plaisir à changer la couleur de l'eau avec du colorant végétal et à faire des expériences: «Qu'advient-il quand on mélange deux couleurs, par exemple du bleu et du jaune?»

- **Le grand chef à l'œuvre.** L'enfant est ravi de collaborer à la confection du repas, mélangeant des ingrédients, ajoutant des liquides, déchirant des feuilles de laitue, lavant des carottes, préparant un pouding instantané.

- **L'«insectologue» en devenir.** Lui faire observer une coccinelle, des fourmis, un papillon, lui faire voir un ver de terre qui se cache sous la roche.

- **Les canards affamés.** Amener l'enfant au parc pour qu'il admire et nourrisse les canards.

Comme je suis grand!

- **Grandeur nature.** Faire le portrait de l'enfant en suivant le contour de son corps quand il est couché sur un grand carton: l'enfant sera peut-être étonné de se voir si grand. Afficher ce dessin au mur lui permet de se comparer à son double.

- **Ta main, ma main, nos mains.** Dessiner le contour de sa main et de la vôtre. L'inviter à faire de même. Il peut aussi y dessiner des ongles, une bague…

- **Jeu de cache-cache.** Davantage conscient de sa taille, l'enfant tentera de trouver un lieu approprié pour se cacher. Toutefois, si vous prenez trop de temps à le trouver, il se *délivrera* lui-même parce qu'à cet âge, sa patience est de courte durée. Pour faciliter ses recherches, quand c'est à votre tour de vous cacher, faites-lui entendre votre voix pour le guider: «Je suis là!» En plus de l'aspect moteur, ce jeu sollicite aussi la réflexion, puisque l'enfant doit décider de l'endroit où se cacher, développer des stratégies et faire des déductions pour vous retrouver.

- **Jouer au miroir.** Debout face à face, on s'amuse chacun son tour à faire exactement comme l'autre; mettre une main sur la tête et tenir sur un pied, se pencher de côté en étendant les bras comme des ailes d'avion, bouger les épaules et les bras comme si on courait mais sans bouger les pieds…

- **Course à obstacles.** À cet âge, la course à obstacles peut être assez complexe et durer un certain temps : passer en dessous de la table à café, tourner autour du fauteuil, se faufiler entre un meuble et le mur, monter sur la petite chaise, sauter sur le plancher... Dans ce genre de course à obstacles, l'enfant doit bien connaître son corps, par exemple pour savoir si sa taille lui permet de passer à tel endroit ou comment réussir à se faufiler sous tel meuble.

Jouer à imaginer

- **Quoi d'autre ?** L'inviter à trouver diverses manières d'utiliser un même objet. « Qu'est-ce qu'on peut faire avec une boîte de carton ? Et avec un bâton ? Et avec un morceau de tissu ? »

- **Des usages originaux.** S'amuser à changer les fonctions des objets ; lui montrant un bâton, lui dire : « Tiens, j'ai trouvé un très beau peigne, tu veux l'essayer ? »

- **La cuisine farfelue.** Imaginer des aliments inusités : « Que dirais-tu de manger une tarte aux frites ou une soupe à la crème glacée ? »

- **« Ce serait drôle si... »** Inviter l'enfant à imaginer des situations amusantes. « Ce serait drôle si les gens avaient la taille d'une allumette, si les poissons volaient dans le ciel. »

- **Ligne magique.** À partir d'une ligne tracée sur une feuille, dessiner à tour de rôle ce que cela vous inspire. Les résultats pourront vous étonner.

- **Comme les animaux.** L'enfant peut-il rugir comme le lion, ramper comme le serpent, faire des bonds comme la grenouille ? En plus d'éveiller l'imagination, cette activité stimule la coordination de tout le corps.

- **Camping intérieur.** Un drap déposé sur les dossiers de deux chaises ou sur une petite table peut devenir une tente dans laquelle surviennent des histoires surprenantes.

- **Maison de carton.** Une grande boîte de carton devient la maison de l'enfant qu'il peut colorer et aménager à son goût.

- **La corde magique.** Déposée sur le plancher et manipulée au gré de l'enfant, la corde devient un soleil (cercle), une boîte (un carré) et tout ce que peut imaginer l'enfant.

- **Peintre à l'œuvre.** L'enfant peut repeindre la clôture ou le patio en utilisant un pinceau et un bol d'eau. Avec les mêmes outils, il peut également faire des dessins sur le trottoir, qui deviennent rapidement invisibles sous l'action du soleil.

Les mains, les pieds et tout le corps en jeu

- **L'acrobate.** L'enfant raffole des cabrioles et des culbutes, qui favorisent la coordination de tout le corps.

- **Balles et ballons.** Jouer avec des balles et des ballons stimule autant la coordination que l'organisation du corps dans l'espace.

- **Le tapis magique.** L'enfant se met à quatre pattes et tente de faire avancer une carpette par frottement. Il étend les deux mains vers l'avant, puis glisse sur les genoux et tend à nouveau le tapis avant de poursuivre sa balade. Essayez-le vous-même : vous verrez que ce jeu sollicite une bonne coordination du corps.

- **Le funambule.** Sur une corde déposée à même le plancher, l'enfant imite le funambule en marchant dessus... sans « tomber » !

- **Création de chef-d'œuvre.** Le bricolage permet à l'enfant d'utiliser divers outils (crayons, ciseaux) et de coordonner des mouvements fins : découper, déchirer, coller. Voici des matériaux riches en possibilités : papier, crayon, ouate, colle, carton, pâtes alimentaires, pailles de plastique.

- **Dessins de maître.** Dessiner pour décorer sa chambre ou le réfrigérateur de grand-maman sollicite la dextérité et l'imagination de l'enfant.

- **L'imprimerie au naturel.** Imprimer avec des pommes de terre, des éponges, des plumes d'oiseau favorise aussi la coordination des mains.

- **Des bulles, encore des bulles.** Faire des bulles de savon stimule la coordination des muscles de la bouche ; l'enfant doit aussi contrôler la force de son souffle pour réussir.

- **Devenir le vent.** Dans le même sens, inviter l'enfant à déplacer une plume sur la table en soufflant, ou à souffler avec une paille déposée dans un verre d'eau pour faire des bulles.

- **Peinture à la paille.** Verser de la peinture sur une plaque à pâtisserie et inviter l'enfant à souffler dessus avec une paille. Quand deux couleurs se rejoignent, la magie opère : une troisième couleur apparaît. Pour conserver une copie du chef-d'œuvre ainsi obtenu, une feuille blanche appuyée doucement sur la réalisation permet d'en garder l'empreinte.

- **Je découpe.** S'amuser à découper des formes simples (ligne droite, cercle), puis des formes plus complexes, avec des angles (triangle, rectangle).

- **Le laveur d'expérience.** Permettre à l'enfant de laver dans l'évier de la cuisine les vêtements de ses poupées ou de ses figurines, la vaisselle de sa dînette ou alors de devenir votre assistant pour laver la vaisselle du repas.

- **Jeux de cartes simples.** Lui montrer à jouer à la *Bataille*, à *Rouge ou noire*, à *Pige dans le lac*. En plus d'appendre les règles de ces jeux, il devra aussi réussir à tenir ses cartes dans sa main, sortir la carte souhaitée sans faire tomber les autres, les distribuer une à une et éventuellement les mélanger, non pas à la façon d'un croupier de casino mais plutôt en les dispersant sur la table à deux mains : beaucoup de gestes nouveaux en perspective.

*　*　*

Donnez-vous la permission d'imaginer des jeux inédits ; faites confiance à votre spontanéité et à votre créativité quand vous jouez avec un enfant. Vous trouverez mille et une autres idées pour partager des moments magiques avec lui.

Les suggestions proposées dans ce chapitre requièrent peu de jouets, sinon du matériel qui se retrouve dans la plupart des maisons. Est-ce à dire que les jouets ne sont pas importants pour le jeu de l'enfant ? À quoi servent-ils véritablement ?

CHAPITRE 7

Avec quoi jouer ?

▼

Tous les jouets reproduisant des objets
de la vie quotidienne se prêtent à l'imagination.

Michelet[1]

De même que l'adulte créatif a besoin de jouer avec
les idées, l'enfant, pour former ses idées, a besoin de jouets.

Bettelheim[2]

Les jouets sont-ils essentiels au jeu ? Comment les choisir ? Un jouet commercial est-il meilleur qu'un jouet maison ? Est-ce préférable d'acheter un jouet éducatif plutôt qu'un autre type de jouet ? Et l'ordinateur ? Doit-on se préoccuper si son garçon joue avec des poupées et sa fille avec des camions ? Autant de questions qui seront abordées dans le présent chapitre

Vous êtes-vous déjà amusé, lors d'une réunion de travail particulièrement ennuyeuse, à imaginer votre patron en pyjama ou à inventer tout autre scénario farfelu le concernant ? L'enfant peut lui aussi prendre plaisir à créer des histoires dans sa tête, à inventer des situations amusantes, et ce, sans utiliser le moindre matériel de jeu. Alors, on peut dire que le jouet n'est pas essentiel au jeu.

1. A. MICHELET. *Le jeu de l'enfant – progrès et problèmes*. Québec : OMPE, Ministère de l'Éducation, 1999 : 69.

2. B. BETTELHEIM. *Pour être de parents acceptables – une psychanalyse du jeu*. Paris : Éditions Robert Laffont, 1988 : 195.

Distinction entre jeu et jouet

Alors que le jeu est l'activité importante de l'enfance, le jouet n'en est que l'instrument. Les deux ne sont pas synonymes. Le jouet ne fait pas le jeu et le jeu ne requiert pas toujours de jouet.

Toutefois, le jouet s'avère un stimulant et un soutien au jeu et il est souvent le médiateur privilégié pour interagir avec les autres. Sa seule présence ne fait cependant pas le jeu : c'est l'usage et le plaisir ressenti par l'enfant qui accréditent le jouet.

Critères d'un bon jouet

Selon Santé Canada, les consommateurs canadiens dépensent chaque année près de 1,5 milliard de dollars en jouets. Il est tout à fait raisonnable d'espérer une utilisation optimale de cet investissement, d'où l'importance de sélectionner de bons jouets. Mais comment choisir le plus approprié parmi la multitude de jouets offerts sur le marché ? Un bon jouet doit être solide, durable, attrayant, en accord avec le niveau de développement de l'enfant et présenter un bon rapport qualité-prix.

Sécurité et durabilité

Pour des raisons évidentes, la sécurité d'un jouet doit être la première caractéristique à considérer. Un chapitre est d'ailleurs entièrement consacré à la sécurité des jouets et de l'environnement de jeu.

Compte tenu de son coût, la durabilité d'un jouet doit également retenir notre attention. La qualité et la résistance du matériau utilisé doivent être examinées ; un jouet en matière plastique souple risque d'être rapidement brisé alors qu'un autre fait d'un matériau plus résistant saura traverser les années. Un jouet à composantes complexes (engrenage, minuterie...) est souvent moins résistant qu'un jouet plus simple. De plus, il est risqué d'égarer les pièces et les accessoires s'ils sont nombreux, et alors l'intérêt pour ce jouet disparaîtra rapidement.

Ces critères de sécurité et de durabilité sont essentiels mais ne sont toutefois pas les seuls requis pour qu'un jouet soit bon pour l'enfant.

Polyvalence

Il y a plusieurs années, Dodson[3] proposait une façon simple pour identifier un bon jouet ; sa méthode est encore valable de nos jours. Selon lui, si 90 % du jeu vient de l'enfant et 10 % du jouet, c'est un bon jouet. Prenons par exemple des blocs de type Lego. Avec ce matériel, le jeu n'apparaît que lorsque l'enfant décide d'être actif : les blocs sont dépendants des initiatives et de l'action de l'enfant. S'il demeure passif, rien ne se passe. Ce genre de jouet encourage l'enfant à mettre en œuvre ses capacités et son imagination et à trouver divers usages pour le matériel de jeu : c'est un jouet polyvalent. Un camion aussi peut remplir différentes fonctions ; l'enfant peut le rouler, remplir sa benne d'objets, lui faire grimper des côtes, faire des livraisons ou le rentrer au garage pour des réparations.

Vous avez sûrement eu l'occasion de voir un enfant s'intéresser davantage à l'emballage d'un cadeau qu'au cadeau lui-même. Cet emballage (boîte, ruban, chou décoratif), inerte en soi, peut se révéler un matériel de jeu fort intéressant si l'enfant en décide ainsi et lui trouve diverses fonctions, autrement dit s'il le transforme en jouet polyvalent.

À l'inverse, un jouet qui ne donne naissance qu'à une seule activité sera plus rapidement délaissé : un train qui tourne inlassablement sur ses rails risque d'amener à court terme un désintérêt chez l'enfant (même si papa y trouve un plaisir toujours renouvelé). Ce jeu repose davantage sur le matériel lui-même que sur l'action de l'enfant. Un jouet à pile qui ne requiert de l'enfant que de presser un bouton pour faire avancer un petit animal par exemple, sollicitant donc très peu son implication, est un autre exemple de jouet limité dans son usage. Ce genre de matériel de jeu est à éviter puisqu'il invite l'enfant à la passivité et ne saura maintenir longtemps son intérêt.

Plus un jouet est polyvalent, plus longtemps l'enfant s'y intéressera. De fait, un jouet polyvalent grandit en quelque sorte avec lui et, tout au long de son développement, il l'utilisera différemment. Par exemple, bébé prend en mains les blocs de bois, il les porte à sa bouche ; le jeune enfant, quant à lui, en fait

---

3. F. DODSON. *Tout se joue avant six ans.* Paris : Marabout, 1972.

des tours de plus en plus hautes tandis que, quelques années plus tard, ces mêmes blocs serviront de piste d'atterrissage pour un vaisseau spatial.

Ainsi, à l'inverse d'un jouet qui impose une activité précise, un jouet polyvalent requiert de l'enfant une activité créative, lui demandant de créer sa propre action pour en décider l'usage.

Plaisir

Le critère ultime d'un bon jouet doit, cependant, être le plaisir qu'en retire l'enfant. Le plaisir est le partenaire indissociable du jeu et s'il en est absent, celui-ci n'en est plus un. Pour prolonger le plaisir avec un jouet, il peut être utile de considérer trois aspects : la nouveauté, la complexité et le défi.

Nouveauté

Il arrive fréquemment qu'après quelques semaines, les jouets soient relégués aux oubliettes. Afin de maintenir l'attrait de la nouveauté envers les jouets, sans pour autant continuellement en acheter, vous pouvez en faire le roulement : les jouets desquels l'enfant se désintéresse sont rangés pendant un certain temps. Quand vous les lui présentez plus tard, il a alors l'impression de les redécouvrir. Après les avoir oubliés quelque temps, il peut aussi leur trouver de nouveaux usages : l'ourson en peluche, tant cajolé dans les premiers mois, deviendra le partenaire avec qui partager un jeu ou à qui raconter une histoire.

Peut-être l'enfant en modifiera-t-il la fonction première, ce qui suscitera chez lui un intérêt nouveau. Ainsi, la corde à sauter pourra devenir un micro ou délimiter un espace précis, le linge de vaisselle devenir une cape de magicien ou la nappe pour un pique-nique avec les oursons.

Combiner différents jouets contribue aussi à faire naître un nouveau jeu. Ainsi, une auto, des blocs de bois, des personnages et des cartons peuvent devenir des accessoires pour dessiner sur le carton un circuit sur lequel se déplacera l'auto qui s'arrêtera à certains magasins, représentés par les blocs, pour y faire des achats.

Complexité et défi

Le niveau de complexité doit être adapté à l'âge et au stade de développement de l'enfant et lui permettre une maîtrise graduelle du jouet ; il doit aussi être suffisant pour maintenir l'intérêt. Par exemple, un casse-tête (puzzle) de 8-10 pièces sera fait et refait plusieurs fois par l'enfant jusqu'à ce qu'il devienne trop facile à réaliser. À ce moment, le jouet perdra de son attrait. On pourrait alors proposer un nouveau défi à l'enfant, en rendant cette activité plus complexe, par exemple en l'invitant à refaire le casse-tête les pièces retournées face contre table. Pour y parvenir, il devra reconnaître chacune des pièces à partir de leur forme inversée : un nouveau défi de taille à relever pour l'enfant ! Un autre exemple avec la tour d'anneaux gradués : saurait-il la refaire sans utiliser le support, ou alors les yeux fermés ? Rendre l'activité de jeu plus complexe et proposer de nouveaux défis à l'enfant contribuent à la longévité des jouets.

Enfin, aucun jouet ne peut recevoir une étiquette universelle de bon jouet puisque chacun doit être approprié à l'enfant auquel il est destiné et, comme vous le savez par expérience, chaque enfant est unique et possède ses intérêts propres.

Il y a toutefois une exception ; en effet, il existe un jouet idéal pour tous les jeunes enfants, sécuritaire, durable, polyvalent et qui invite l'enfant à agir tout en procurant beaucoup de plaisir. Solide et attrayant, il présente un bon « rapport qualité/prix » ; de plus, il s'adapte aisément au niveau de développement de l'enfant et se retrouve dans toutes les maisons. Avez-vous deviné ? Il s'agit d'un adulte couché par terre qui devient la montagne à escalader, le mystère à explorer en passant par la bouche, les yeux et les oreilles, le géant qui dort mais qui risque de se réveiller en tout temps et d'attraper l'enfant, le partenaire pour faire des acrobaties.

EN RÉSUMÉ,

un bon jouet doit susciter l'intérêt de l'enfant

- à agir,
- à explorer,
- à imaginer,
- à construire,
- et lui procurer du plaisir.

Comment choisir un jouet?

Comment reconnaître parmi la panoplie de jouets disponibles en magasin celui qui conviendra le mieux à l'enfant?

Pour répondre à cette question, il faut tenir compte non seulement de ce que le jouet peut stimuler chez l'enfant, mais aussi du niveau de développement de ce dernier et du matériel de jeu dont il dispose déjà.

Le tableau 1 propose diverses questions pour vous aider à choisir un jouet approprié pour votre enfant. Établir une correspondance entre les capacités de l'enfant et ce que stimule le jouet convoité permettra de faire un choix judicieux. Il faut, bien sûr, éviter que tous les jouets de l'enfant offrent les mêmes expériences et, donc, veiller à ce que son matériel de jeu soit varié. On doit aussi prendre en compte certaines considérations pratiques (résistance des matériaux, bruit...) puisqu'elles pourraient entraîner une sous-utilisation du jouet.

En utilisant le tableau 1, analysons à partir d'un exemple concret la pertinence d'un jouet précis. Gabriel a 30 mois; il est curieux et explore beaucoup son environnement. Chaque armoire l'attire, chaque nouvel objet le fascine. Il aime regarder des livres, faire des casse-tête, se balancer, jouer au ballon, faire des tours de blocs et gribouiller. Il parle beaucoup et il aime être avec d'autres enfants. **1. Où en est rendu Gabriel dans son développement?** En réponse à cette question, il semble que Gabriel en soit à la période du jeu conventionnel (1c) puisqu'il commence à utiliser un crayon, il fait des constructions, il explore beaucoup et il s'intéresse aux autres enfants. Il se dirigera éventuellement vers le jeu d'imagination, qui ne semble pas encore présent dans ses activités.

Un magnétophone serait-il approprié pour cet enfant? Passons à la question **2. Que stimule ce jouet?** Un magnétophone est un objet dont le fonctionnement risque de piquer la curiosité de Gabriel. Avant de savoir l'utiliser, il lui faudra explorer et découvrir l'usage de tous ces boutons qui ont chacun une fonction bien précise: marche avant, marche arrière, écoute. Ce jouet requiert donc de l'enfant de nouvelles manipulations et stimule sa compréhension des objets. De plus, un magnétophone est en quelque sorte une boîte magique qui sait capter et

Tableau 1

POUR CHOISIR UN JOUET APPROPRIÉ POUR UN ENFANT

1. *Où en est rendu l'enfant dans son développement ?*

A) À découvrir son corps et les objets environnants ?
   Est intéressé à toucher, regarder, écouter et porter les objets à sa bouche ?
   Est capable de saisir des objets ?
   Est intéressé à produire un effet sur l'environnement ?
   Tient assis ?

B) À explorer l'espace et manipuler les objets ?
   Commence à se déplacer par ses propres moyens ?
   Est curieux de découvrir le fonctionnement du matériel de jeu ?
   Aime jouer à imiter ?
   Vide, emplit ?
   Empile ?
   Emboîte ?
   Explore l'environnement ?
   Commence à jouer à faire semblant ?

C) À jouer de façon conventionnelle, puis de façon imaginative ?
   A besoin de bouger ?
   Commence à utiliser un crayon ?
   Fait des constructions ?
   Explore beaucoup ?
   Est imaginatif ?
   Cherche divers usages possibles au matériel de jeu ?
   Joue à faire semblant ?
   S'intéresse aux autres enfants ?

D) À développer ses scénarios de jeu ?
   Aime bricoler ?
   Aime se déguiser ?
   Préfère jouer avec d'autres enfants que seul ?
   Peut découper ?
   Est capable de gestes plus raffinés, de mouvements mieux coordonnés ?

(...)

Dessine?

Peut faire du tricycle, de la bicyclette?

Est très imaginatif?

2. Que stimule ce jouet?

Est-ce un jouet à regarder, toucher, écouter?

Stimule-t-il les manipulations de l'enfant?

Favorise-t-il l'exploration de l'espace?

Stimule-t-il la compréhension du fonctionnement
des objets?

Stimule-t-il la notion de cause à effet?

Fait-il appel au concept de permanence de l'objet?

Favorise-t-il la communication de l'enfant?

Stimule-t-il les capacités d'imitation de l'enfant, son
imagination?

Favorise-t-il l'expression des sentiments de l'enfant?

Permet-il des constructions?

Requiert-il un partenaire?

Demande-t-il des habiletés physiques particulières
(empiler, découper, dessiner)?

Peut-il être utilisé de différentes façons (polyvalent)?

3. Considérant ses autres jouets, qu'ajoute celui-ci?

Un complément aux jouets qu'il possède déjà?

Une expérience nouvelle, stimulant un aspect que ses autres
jouets ne stimulent pas?

Un défi en lien avec les capacités actuelles de l'enfant?

La possibilité de développer de nouvelles capacités?

4. Considérations pratiques

Ce jouet est-il fait d'un matériau résistant?

Est-il sécuritaire, considérant l'âge de l'enfant?

Est-il bruyant?

Requiert-il votre aide pour que l'enfant l'utilise?

Est-il salissant?

Comporte-t-il de nombreuses pièces?

Est-il de prix abordable?

conserver les voix. On peut parler et réécouter ce qu'on a dit; papa peut chanter et on peut le réentendre même s'il n'est plus là. En ce sens, il renforce l'intégration du concept de permanence de l'objet. Le magnétophone peut aussi permettre des messages d'amour; maman peut y enregistrer des mots tendres que l'enfant aura plaisir à écouter. Il ne requiert pas nécessairement de partenaire mais on peut s'y amuser à deux.

Pour utiliser au maximum cet objet, l'enfant doit toutefois parler ou, à tout le moins, faire des sons. Un enfant parle très peu? Peut-être le magnétophone saura-t-il le stimuler à communiquer davantage? Pour sa part, Gabriel pourrait raconter une histoire, réciter une comptine, chanter une chanson, écouter une cassette et danser au rythme de la musique. Il pourra ultérieurement utiliser le magnétophone dans un jeu d'imagination devenant l'instrument de travail du journaliste pour mener une entrevue, du lecteur du bulletin de météo ou du chanteur populaire pour enregistrer une chanson. Ce jouet grandira donc en quelque sorte avec l'enfant.

Quant aux **considérations pratiques (question 4)**, un magnétophone n'est pas salissant et on peut baisser le volume si on le désire. Ceux qui sont faits pour les enfants sont résistants. Un enfant curieux et volubile comme Gabriel apprendra rapidement à l'utiliser seul.

En conclusion, compte tenu du potentiel de ce jouet et des caractéristiques de cet enfant, un magnétophone serait susceptible d'être apprécié de Gabriel et approprié à son développement, à la condition qu'il représente un **complément aux jouets qu'il possède déjà (question 3)**. Si, par exemple, Gabriel n'avait que des disques et des livres, mieux vaudrait choisir un jouet d'un autre type qui l'inviterait, par exemple, à être actif sur le plan moteur. La variété des jouets est plus importante que la quantité. Il ne sert à rien d'avoir cinq ballons ou douze marionnettes. Une surabondance de jouets peut même stériliser l'activité de l'enfant. Mieux vaut avoir moins de jouets mais qu'ils soient choisis soigneusement et qu'ils remplissent bien leur fonction, à savoir intéresser l'enfant, l'inciter à être actif et lui procurer du plaisir.

EN RÉSUMÉ,

pour choisir un jouet, en plus de garder en tête les critères d'un bon jouet (sécurité, durabilité, polyvalence, source de plaisir),

1) estimer le niveau de développement de l'enfant,

2) analyser le potentiel ludique du nouveau jouet,

3) dégager l'apport du nouveau jouet comparativement à ceux dont dispose déjà l'enfant

s'avère une façon efficace de procéder.

Des suggestions de jouets

En accord avec le niveau de développement de l'enfant, ses caractéristiques et ses intérêts ludiques, identifiés au chapitre 2, le tableau qui suit présente des suggestions de matériel de jeu.

Comme il a été dit précédemment, les jouets identifiés pour un âge donné peuvent grandir avec l'enfant et être réutilisés ultérieurement ; il est à parier qu'alors l'enfant leur trouvera de nouveaux usages.

L'âge suggéré sur l'emballage donne une indication générale des enfants auxquels le jouet s'adresse : il est toutefois important

TABLEAU 2

MATÉRIEL DE JEU SELON L'ÂGE DE L'ENFANT

0 à 6 MOIS	Mobile, hochet, jouet de dentition, jouets qui flottent dans le bain, qui émettent des sons, tapis d'éveil, miroir près de la table à langer, portique ou tableau d'activités, animaux de tissu, peluche, boîte à musique.
6 à 18 MOIS	Contenant à emplir et vider, jouets à emboîter, à empiler, blocs de bois, jouets à pousser, à tirer, jouets pour imiter (télé-phone...), instruments de musique (xylo-phone, tambour...), grosses billes à enfiler, livres d'images cartonnés, ballon, oursons, miroir.

18 MOIS à 3 ANS	Jouets à chevaucher, sur roulettes, crayons feutre lavables, craies de cire, tableau noir et craies, peinture à doigts, jouets d'association (jeux de mémoire...), jouets pour faire semblant (service de vaisselle, coffre à outil, petites voitures, personnages, poupées...) pâte à modeler, livre d'images, ensemble de jardinage, bulles de savon, boîtes de carton, casse-tête de quelques morceaux, instruments de musique, magnétophone à cassettes, grosses billes à enfiler sur un cordon, balle, jeu de blocs, bac à sable, jeux extérieurs (balançoire, glissoire...).
3 à 5 ANS	Maisons de poupées, marionnettes, petits personnages, voitures, ciseaux à bouts ronds, jeu de construction, nécessaire à bricoler (carton, colle, ouate, paille...), crayons de couleurs, livres, chevalet et peinture, jeux d'adresse (quilles, anneaux, poches...), déguisements et accessoires, casse-tête, tableau magnétique, instruments de musique, jeu favorisant l'imagination (garage, ferme, magasin...), loupe, tricycle, jeu de quilles, premiers jeux de société (serpents et échelles, jeu de mémoire...), corde à sauter, bicyclette.

de considérer les caractéristiques personnelles de l'enfant concerné. Il faut surtout éviter de succomber à la tentation, que nous avons tous comme parents, de considérer que notre enfant est en avance dans son développement et lui acheter un jouet trop complexe pour son âge. C'est le meilleur moyen pour qu'il développe un désintérêt marqué pour ce jouet, désintérêt qui pourrait persister même au moment où l'enfant serait en âge de l'utiliser.

Les associations de consommateurs analysent chaque année les jouets nouvellement sortis sur le marché. Leurs commentaires et recommandations méritent d'être écoutés puisqu'ils s'appuient sur des expériences faites par les premiers experts sur le sujet, soient les enfants eux-mêmes.

Avez-vous déjà remarqué que les enfants s'intéressent à des jouets plus petits à mesure qu'ils vieillissent? L'enfant de 2 ans appréciera un gros camion alors que celui de 5 ans lui préférera un camion miniature.

Des jouets maison

Quand vous pensez « jouets », il est probable que ce soit le matériel de jeu vendu en magasin qui vous vienne spontanément à l'esprit. Pourtant, d'autres jouets inédits et gratuits sont à portée de main, dans la maison. Tout objet peut devenir jouet si l'enfant en décide ainsi.

Prenez une heure pour faire le tour de vos armoires et de vos placards avec des yeux d'enfant curieux (tout en gardant ceux d'un adulte responsable et soucieux d'éviter tout accident) et vous découvrirez toute une panoplie de jouets inédits.

Suggestions

Voici quelques suggestions de matériel de jeu maison et ce qu'il est susceptible de devenir entre les mains de l'enfant :

TABLEAU 3

MATÉRIEL DE JEU MAISON ET CE QU'IL PEUT DEVENIR ENTRE LES MAINS DE L'ENFANT

Contenant en plastique	- Avec une cuillère de bois : un bol à mélanger dans lequel préparer un festin imaginaire. - Si le contenant est renversé : un tambour sur lequel frapper avec une baguette (cuillère de bois). - Avec un couvercle percé d'une fente et des cartons de couleur plus petits que la fente, une tirelire. - Avec un couvercle percé d'une ouverture circulaire et divers objets (épingle à linge, cuillère à mesurer) : une boîte à trésors qu'il pourra vider et remplir à plaisir. - Rempli d'eau et avec un pinceau, un attirail de peintre permettant de « peinturer » l'entrée de garage, l'été.

Boîte de carton	
Une grosse boîte	- Une aide inédite pour assister l'enfant dans ses premiers pas. - Une maison avec ouvertures pour voir à l'extérieur et que l'enfant peut décorer à sa guise. - Un coffre pour certains de ses jouets. - En enlevant le dessus, un bateau pour traverser l'Atlantique ou une auto permettant mille voyages imaginaires. - Percée d'une grande ouverture sur un des côtés, une télévision ou un théâtre qui permet à l'enfant de faire des spectacles.
Une boîte de forme allongée	- En ouvrant les deux bouts : un tunnel où faire rouler ses autos ou à traverser lui-même.
Des boîtes plus petites	- Des boîtes à encastrer les unes dans les autres. - Montées les unes sur les autres, les murs d'une maison. - Déposées les unes à côté des autres, les différentes pièces d'une maison. - Un lit pour la poupée.
Toute boîte	- Une boîte à surprise contenant divers trésors à découvrir : bobine de fil, gant, bouteille de plastique, trousseau de clés, balle.
Bac à vaisselle ou panier à linge	- Buts de hockey ou paniers de basket-ball. - Bateau pour traverser la mer. - Manège que papa ou maman promène allègrement en tout sens alors que l'enfant se tient au rebord du panier.

Corde	- Attachée à deux chaises, une corde à linge pour suspendre à l'aide de quelques épingles à linge les vêtements de la poupée ou quelques-uns des vêtements de l'enfant. - Utilisant à nouveau des épingles à linge, le lieu d'exposition pour ses chefs-d'œuvre (dessins). - La corde tendue entre deux chaises et recouverte d'un drap et voilà une tente où vivre de riches aventures.
Grosse corde	- Une grosse corde dont un des bouts est recouvert de tissu et voilà un micro permettant d'imiter les chanteurs ou les journalistes. - Déposée par terre et repliée en deux et c'est une rivière remplie d'alligators qui doit être traversée d'un bond.
Pneu	- Recouvert d'une couverture, un siège extérieur sécuritaire pour un bébé qui n'est pas encore très solide en position assise. - Accroché à une branche solide, une balançoire inédite.
Pâtes alimentaires aux formes variées	- Matériel tout désigné pour faire de magnifiques colliers après les avoir peinturés et enfilés sur une corde ou sur une laine dont un des bouts aura été préalablement renforcé par du papier gommé.
Boutons	- De formes et de grosseurs variables, ils peuvent être enfilés sur une corde et faire, eux aussi, de jolis colliers ou une ceinture. - Ils peuvent également devenir du matériel permettant de s'amuser à regrouper les pareils selon les couleurs, les formes, les grosseurs.

Valise de déguisement	- Incluant divers vêtements et accessoires (chapeau, ceinture, bourse, cape, foulard...) : matériel idéal pour permettre à l'enfant de se transformer en personnage de son choix, de jouer un rôle et de pratiquer certaines habiletés d'habillage.
Rouleau de papier hygiénique ou d'essuie-tout	- Un télescope que pourra décorer votre pirate et qui lui permettra de voir au loin sur la mer.
Des bouteilles de savon vides	- Avec une balle : un jeu de quilles. - Dans le bain : des contenants que l'enfant peut utiliser pour vider, remplir, transvider, rincer les cheveux de son bébé.
De grosses bobines de fil	- Peintes de couleurs contrastées, enfilées sur une corde et séparées par des noeuds, et voilà un train à tirer. - Colorées et enfilées sur une corde, c'est un collier de roi inca. - Assemblées avec ingéniosité, elle font naître un bonhomme désarticulé. - Elles peuvent aussi remplacer les blocs et devenir des tours, des murs qui s'élèveront à la mesure des habiletés de l'enfant.
Ouate, pailles, bâtons	- Matériel de choix pour des bricolages inusités, que ce soit un tableau de grand maître ou des personnages fantaisistes en trois dimensions. - Des morceaux de paille dans lesquels on enfile une laine et dont le bout est par la suite renforcé pourront devenir un magnifique collier ; on peut y intercaler des boutons.

Éponges	- Plusieurs éponges peuvent permettre d'ériger un muret qui ne blesse personne s'il s'écroule. - De petites éponges trempées dans la peinture peuvent permettre de faire de l'imprimerie (tout comme des pommes de terre coupées en deux sur lesquelles on a sculpté une forme simple telle qu'une étoile, un cercle, un cœur...).
Coussin	- Un siège royal. - Un oreiller ou même un lit tout confort pour un personnage. - Tenu à l'aide d'un foulard sur la tête, un chapeau fort original.
Jouets de la nature : pommes de pin, brindilles, roches, feuilles, eau	- Des outils pour apprendre la nature. - Des éléments de bricolage. - Des accessoires à inclure dans des scénarios de jeu : les roches sont les pièces de monnaie quand on joue au magasin, les pommes de pin représentent des arbres qui entourent la maison.
Et vos propres trouvailles ?	

Continuez votre tournée de la maison et vous verrez qu'il n'est pas nécessaire d'avoir un portefeuille bien garni pour que votre enfant s'amuse.

Voici maintenant des suggestions de matériel de jeu qu'il peut être amusant de bricoler pour l'enfant.

Matériel de jeu à bricoler
Marionnettes en bas de laine

Un bas de laine qui a perdu son pareil n'attend que votre ingéniosité pour commencer une nouvelle vie comme marionnette. Deux boutons en guise d'yeux, solidement cousus, une bouche et autres accessoires de votre choix permettront à l'enfant d'avoir un nouvel ami. Pour l'enfant de 2 ½-3 ans.

Tapis d'éveil (tapis de textures différentes)

Sur un drap de coton, coudre des morceaux de tissu de différentes textures: soie, fourrure, denim, laine douce, ratine, velours. S'assurer que les rebords de ces tissus sont bien cousus et ne peuvent s'effilocher. Recouvrir un mince matelas ou une couverture épaisse de ce drap qui sera fixé à l'endos à l'aide de velcro, ce qui en facilitera l'entretien. Un tel tapis permettra au bébé de recevoir différentes stimulations tactiles lorsqu'on l'y dépose et pourra l'inciter à se déplacer. Ce tapis intéressera l'enfant dès l'âge de 2 mois.

Blocs de mousse

Le même principe peut s'appliquer à des cubes de mousse ferme. Chacune des faces peut être recouverte de tissus de textures différentes. L'enfant pourra alors toucher ces cubes, les lancer, tenter de les écraser. L'avantage est que ces cubes ne font aucun bruit et ne représentent aucun risque de bris pour les objets environnants. Ce jouet est approprié pour un bébé de 4 à 15 mois environ.

Livre tactile

Sur des cartons rigides, collez des grains de sable, du riz, du macaroni, des échantillons de tissu (fourrure, soie, velours...), et recouvrez chacune de ces pages d'un mince film transparent. L'enfant de plus de 10 mois aura plaisir à toucher ces différentes textures.

Bouton musical

Utilisez un gros bouton à deux trous de 8 à 10 cm de diamètre; enfilez une corde d'environ 35 cm dans chacun des trous et attachez-la. En plaçant le bouton au milieu et en tenant une extrémité de la corde dans chaque main, faites tourner les deux bouts de la ficelle plusieurs fois vers l'avant. Tirez vers l'extérieur puis ramenez les mains vers le bouton et de nouveau vers l'extérieur, comme si vous teniez un accordéon dans vos mains. Vous entendrez une musique inédite. Pour un enfant d'environ 5 ans, ce jouet sera source d'émerveillement, à condition de ne pas l'utiliser trop près des cheveux, que le bouton musical pourrait prendre plaisir à emmêler.

Échasses maison

Pour réaliser ces échasses, vous avez besoin de deux grosses boîtes de conserve ; tout au haut, percez un trou des deux côtés. Insérez une corde dans ces trous puis attachez-la avec un nœud. En montant sur ces boîtes et en tenant en mains chacune des deux cordes, l'enfant pourra se déplacer en avançant alternativement ses jambes. Une autre méthode consiste à fixer des blocs de bois sur des perches : l'enfant devra alors poser ses pieds sur ces blocs et, en tenant les perches, tenter d'avancer. Pour un enfant de 5 ans et plus.

Batterie

Pour les oreilles solides, quelques boîtes de conserve de différentes grosseurs (donc de différentes hauteurs) peuvent être réunies avec du ruban adhésif et devenir la première batterie de l'enfant. À compter de 3 ans ; l'enfant qui aime la musique appréciera ce jouet.

Bulles de savon

Mélangez de la glycérine à du shampoing ou préparez une solution faite à moitié d'eau et à moitié de savon à vaisselle et l'enfant pourra souffler de magnifiques bulles de savon soit à l'aide d'une paille, soit à travers l'anneau d'une clé. Pour l'enfant, à partir de 2 ½-3 ans.

Pâte à modeler[4]

Vous pouvez faire votre propre pâte à modeler. La recette suivante est tout simplement parfaite.

1 tasse de farine
½ tasse de sel
2 c. à table d'huile
2 c. à table de crème de tartre
1 tasse d'eau bouillante
colorant alimentaire

Mélanger tous les ingrédients secs.
Mélanger le colorant à l'eau.
Ajouter l'huile et l'eau bouillante aux ingrédients secs.

---

4. Tous mes remerciements à Julie Abran d'avoir accepté de partager sa recette avec nous.

Mélanger le tout en pétrissant.

Si le mélange colle, ajouter un peu de farine.

Si le mélange est trop dur, ajouter un peu d'eau.

Des emporte-pièce pour biscuits peuvent devenir des outils de choix pour jouer avec la pâte à modeler.

Donnez libre cours à votre imagination et vous surprendrez votre enfant par la variété de jouets inédits que vous lui ferez découvrir.

Les jouets ont-ils un sexe ?

Féminité et virilité se forment-elle à travers les jeux de la petite enfance ? Doit-on s'inquiéter de l'intérêt de sa fille pour les camions et les jeux de garçon ? De l'intérêt de son garçon pour la dînette et les poupées ? Le comportement des garçons et des filles est-il inné ou conditionné par l'environnement ? C'est un débat qui a cours depuis de nombreuses années.

Plusieurs croient que l'intérêt pour des jouets identifiés à son sexe est inné chez l'enfant. De fait, le petit garçon et la petite fille semblent s'adonner à des jeux différents, se servant pour ce faire de jouets tout aussi différents. Ainsi, le garçon opte davantage pour des jeux d'action, utilisant beaucoup d'espace, alors que la fillette s'amuse plus à faire semblant et à jouer à la table. Toutefois, il ne s'agirait pas d'une règle vérifiable chez tous puisque, à l'observation rigoureuse d'enfants au jeu, diverses études précisent qu'aucune différence significative entre garçons et filles ne peut être décelée avant l'âge de 7 ans.

Peut-être, inconsciemment, impose-t-on nos choix à l'enfant ? Dans une étude, on a demandé à des mères de présenter une poupée à leur bébé. Quand il s'agissait d'un bébé fille, la mère souriait, parlait tendrement, approchait le visage de la poupée de celui de son bébé. Quand il s'agissant d'un bébé garçon, la mère souriait moins, démontrait moins de tendresse et tenait la poupée avec moins de douceur. La poupée est en général réservée aux filles, alors qu'aux garçons, on offre des figurines. L'utilisation de l'une et des autres est d'ailleurs différente : la poupée est habillée, câlinée, promenée, on lui parle, on lui raconte des histoires. Quant aux figurines, elles sont engagées dans l'action et agissent plus qu'elles ne parlent.

Diverses études ont également démontré que très tôt, les adultes réagissent différemment aux bébés selon leur sexe. Le visiteur et les parents eux-mêmes trouvent facilement des traits féminins à un bébé fille et une vigueur toute masculine à un bébé garçon. Spontanément, les jouets offerts à l'enfant sont en accord avec son sexe. Rares sont les personnes qui offrent une poupée à un garçon et une auto de course à une fille.

Bien sûr, il est important que l'enfant développe son identité personnelle et le jeu, tout comme les jouets, peut y contribuer. Toutefois, l'enfant a aussi le droit d'être curieux et d'utiliser des jouets qui ne lui étaient peut-être pas destinés. Les experts du développement considèrent d'ailleurs qu'une variété d'expériences devrait être offerte à l'enfant, sans pression pour un comportement typique de son sexe. Que l'enfant choisisse ce qui l'intéresse. Si on observe l'intérêt de son enfant pour un jouet traditionnellement associé à l'autre sexe, évitons de créer un problème là où il n'y en a pas.

Par ailleurs, l'un des rôles du jouet est de préparer les garçons et les filles au monde dans lequel ils vont vivre et exercer une profession. De nos jours, la différence entre les fonctions féminine et masculine s'estompe : les modèles que voient nos enfants se reflètent dans leur jeu. N'y a-t-il pas des femmes chauffeurs de camion et des infirmiers ?

Les jouets éducatifs

Qu'entend-on par « jouets éducatifs » ? Tout jouet qui permet un certain apprentissage n'est-il pas éducatif ? Un tricycle apprend des choses à l'enfant sur le plan moteur, tout comme un livre le fait sur le plan intellectuel. En fait, un jouet éducatif fait le plus souvent référence à un matériel de jeu qui vise un apprentissage précis comme apprendre des mots, les lettres de l'alphabet, les chiffres, développer la mémoire visuelle, reconnaître des objets pareils et des objets différents.

Les jouets éducatifs sont-ils une panacée ou au contraire devraient-ils être proscrits ? Ni l'un, ni l'autre. L'important est la variété des jouets mis à la disposition de l'enfant. Si le parent n'offre que des jouets éducatifs à son enfant, celui-ci risque d'apprendre à jouer de manière répétitive, sans développer sa fantaisie personnelle. En effet, ce type de jouets est peu polyvalent et il n'y a, le plus souvent, qu'une seule façon de l'utiliser.

Par exemple, imaginons un jouet sur lequel divers objets sont représentés par des boutons ; en pressant ces boutons, le mot correspondant se fait entendre. On risque que le plaisir soit rapidement évacué avec un jouet si peu flexible. Pour éviter que ce soit le cas, il faut être attentif et inventif pour créer une situation de jeu, autrement dit pour utiliser ce jouet de façon ludique. Ainsi, avec ce matériel de jeu, on pourrait créer une histoire et chaque fois qu'un mot est mentionné, l'enfant doit trouver le bouton correspondant sur son jouet. L'enfant pourrait participer encore plus activement si, au moment où un mot est requis dans l'histoire, le conteur arrête son récit et laisse l'enfant choisir l'objet qui produira le mot attendu.

Il faut comprendre que plusieurs acquis peuvent aussi être faits avec d'autres matériaux moins sophistiqués que les jouets dits éducatifs. Par exemple, l'enfant peut apprendre à identifier les objets de même grosseur, de même forme, de même couleur à l'aide de boîtes, de casseroles, de pots de yaourt, de blocs de bois. Avec un tel matériel, il fera aussi l'expérience du contenu/contenant, de l'emboîtement, de la superposition et pourra aborder les nombres.

Par contre, il existe certains jouets dits éducatifs qui sont particulièrement intéressants. Pensons au portique d'activités sous lequel le jeune bébé peut être couché et qui lui permet d'entendre des sons, de voir des couleurs variées et qui l'incite à être actif, ou alors au mobile musical qui fait entendre une douce musique et qui prédispose au sommeil.

L'ordinateur et les jeux informatiques

L'ordinateur, devenu un outil de travail quotidien tant au travail qu'à l'école, a remplacé, pour la plupart des personnes, le crayon ou la dactylo. Une familiarisation avec le monde informatique, durant la période préscolaire, peut être intéressante : l'enfant apprend à utiliser une souris, à déplacer le curseur sur l'écran, et découvre les rudiments de l'ordinateur. Toutefois, il faut savoir que ce n'est qu'une activité parmi d'autres ; l'ordinateur n'est pas une activité prioritaire de l'enfance.

Plusieurs cédéroms pour enfants d'âge préscolaire proposent des activités visant l'apprentissage de certains préalables scolaires tels la perception des couleurs, des formes, des grandeurs, ou la compréhension de la relation de cause à effet. Selon le logiciel ou le cédérom retenu, les apprentissages varient. Toutefois, aucune norme universelle n'en garantit la qualité. Il est utile de s'assurer que le logiciel propose divers niveaux de difficulté pouvant être réglés selon l'âge de l'enfant.

Par ailleurs, il faut prendre conscience qu'un tel « jouet » ne fournit aucune occasion de créativité à l'enfant et que les choix qui lui sont offerts pour décider, pour solutionner un problème, relèvent plutôt de l'illusion puisque ce ne sont que des pseudo-choix: le jeu est déterminé à l'avance dans une suite planifiée.

Quant aux jeux vidéo, il est pertinent de s'arrêter aux valeurs qu'ils véhiculent: en général, il s'agit de vitesse, de compétition, parfois de compassion, de générosité et souvent de violence. Le but du jeu est essentiellement d'accumuler le plus grand nombre de points et pour ce faire, l'enfant doit compter sur sa vitesse d'exécution et de prise de décisions.

À l'analyse, on se rend compte que tant les cédéroms que les jeux vidéo requièrent de l'enfant attention, concentration, mémoire, reconnaissance visuelle des personnages et des objets, logique et coordination œil-main. Toutefois, dans le monde virtuel, le corps devient inutile et son activité est réduite au minimum. L'enfant ne peut y faire preuve d'humour, de créativité, de spontanéité ou d'initiative. L'interactivité avec le monde virtuel est en réalité « un conditionnement déguisé qui rend totalement stérile dans le domaine de la créativité et de la véritable initiative »[5]. Dans ce monde virtuel, l'action de l'enfant relève davantage de fonctions réflexes. Le partenaire de l'enfant est une machine: les relations aux autres ne sont pas stimulées.

Le monde virtuel ne saurait apporter la même richesse d'expériences que le monde réel. Il ne saurait remplacer une expérience concrète avec les objets, les personnes et l'environnement par laquelle l'enfant apprend en touchant, en manipulant, en bougeant, en imaginant, en se reliant à de vraies personnes.

---

5. P. BERCUT. *Le jeu et le jouet*. Montréal: Éditions Novalis, 2004: 37.

Pour un enfant de moins de 6 ans (et même plus vieux), il est alors sage de limiter l'utilisation de l'ordinateur, afin d'éviter l'isolement dans ces jeux et la passivité devant une machine. Le danger qui guette l'enfant, c'est l'intoxication à ce monde artificiel, l'établissement d'un jeu compulsif qu'il aura du mal à abandonner. Il faut donc sélectionner judicieusement ce qu'on met entre les mains de l'enfant et en contrôler l'usage.

Comme il a déjà été dit, pour les familles qui n'ont pas d'ordinateur, il peut être rassurant de savoir que l'enfant qui arrive à la maternelle sans expérience du monde de l'informatique rattrape aisément les autres qui ont connu l'ordinateur à la maison.

Pour réduire le coût des jouets

Pour éviter une surconsommation de jouets et pour réduire le budget qui leur est alloué, on peut mettre en place diverses stratégies. L'utilisation de jouets maison en est une. Faire des échanges avec des amis qui ont des enfants du même âge que les nôtres en est une autre. Cet échange peut aussi concerner les jeux informatiques. Les jouets plus chers peuvent être demandés en cadeau aux grands-parents ou aux parrains et marraines.

Dans certaines villes et quartiers, il existe aussi des ludothèques qui sont, en quelque sorte, des bibliothèques de jouets. On y emprunte un certain nombre de jouets pour quelques semaines, moyennant un coût minime d'abonnement. Il est alors possible d'identifier le jouet qui intéresse beaucoup notre enfant et de le retenir comme suggestion de cadeau pour un prochain anniversaire.

S'il n'y a pas de ludothèque dans votre région, pourquoi ne pas en mettre une sur pied avec des voisins ou amis?

EN RÉSUMÉ

1) Les jouets sont des outils pour jouer et avoir du plaisir. Il n'est pas nécessaire qu'ils soient nombreux mais ils gagnent à être variés.

2) Il ne faut pas retenir que les jouets manufacturés et les jouets dits éducatifs; les jouets maison sont tout aussi riches en possibilités.

3) Pour réduire le budget alloué aux jouets: outre l'utilisation de jouets maison, on peut faire des échanges avec des amis, fréquenter la ludothèque de la région ou en créer une.

CHAPITRE 8

AVEC QUI JOUER ?

▼

Si tu m'apprivoises, nous aurons besoin l'un de l'autre.
Tu seras pour moi unique au monde.
Je serai pour toi unique au monde.

Saint-Exupéry

Les enfants ont plus besoin de modèles que de critiques.

Joseph Joubert

Avoir des amis, c'est être riche.

Plaute

À quoi servent les partenaires de jeu? À partir de quel âge est-il souhaitable que l'enfant joue avec d'autres enfants? Doit-on s'inquiéter que son enfant ait un ami imaginaire? Qu'est-ce qui rend un enfant populaire auprès des autres?

Apprendre à jouer avec les autres

Savoir se comporter avec les autres, ce n'est pas inné. Attendre son tour, accepter de partager, coopérer, respecter les autres, comprendre leur point de vue, apprendre à négocier, voilà autant d'habiletés que l'enfant doit développer pour fonctionner de façon harmonieuse en société. Ce processus de socialisation s'étend sur plusieurs années, commençant d'abord à la maison, se poursuivant à la garderie et, enfin, à l'école. Comment se développent ces habiletés et en quoi le jeu y contribue-t-il?

Le jeu solitaire

Au cours de sa première année de vie, le bébé n'a pas d'intérêt particulier pour les autres enfants, qui le font parfois rire et sourire, mais pas plus que les autres personnes de son entourage. Le bébé joue le plus souvent en solitaire ou avec un adulte et son énergie est concentrée sur la découverte de son corps et des objets qui l'entourent.

À quelques mois, il reconnaît les personnes familières et réagit à leur présence en souriant, en gazouillant ou en leur tendant les bras. Comme nous l'avons dit précédemment, à compter de 6 mois, l'enfant développe un attachement particulier à certaines personnes et, vers 7 ou 8 mois, il peut manifester une réaction de peur face à des inconnus. Étonnamment, on ne note aucune réaction de ce genre face à un enfant qu'il ne connaît pas.

Le jeu parallèle

À partir d'un an, l'enfant s'intéresse peu à peu aux autres petits, d'abord par curiosité et ensuite comme des partenaires potentiels. Vers 18 mois, l'enfant regarde les autres agir, sans pour autant partager leurs jeux. Son plaisir vient du seul fait d'être à côté d'eux : c'est le jeu parallèle. Il observe ce qu'ils font, comment ils jouent, comment les adultes réagissent et, par cette observation, l'enfant apprend graduellement comment se comporter avec les autres, se préparant à s'intégrer à leurs jeux.

Ce jeu parallèle est donc source d'apprentissage pour l'enfant : il lui permet d'apprivoiser les autres, qui deviennent en quelque sorte des modèles à imiter. Au parc, il est plus approprié d'inciter un enfant de cet âge à regarder ce que font les autres que de le forcer à partager leurs jeux.

Dès ce jeune âge, l'enfant est sensible à la peine de l'autre et il tente volontiers de le consoler quand celui-ci pleure, par exemple en lui offrant un jouet ou en le caressant.

Vers 2 ans, l'enfant découvre une notion importante : la propriété. Dorénavant, il sait que tel jouet lui appartient bel et bien. Comme cette notion est toute nouvelle, il n'est pas encore très enclin à partager. Quand des problèmes surgissent avec d'autres enfants, il est préférable de le distraire et de laisser tomber les longues explications logiques relatives à l'importance de bien se comporter : il ne les comprendrait pas. Pour accepter le partage, il doit pouvoir se mettre à la place des autres. Or, l'enfant est égocentrique à cet âge (à ne pas confondre avec l'égoïsme : l'égocentrisme constitue une caractéristique qui s'observe pour un temps dans le développement de tout enfant) : il ne voit que son point de vue et il est indifférent à celui de l'autre. Il ne comprend pas le désir de l'autre.

Il lui est aussi difficile de prêter ses jouets parce qu'il ne saisit pas le caractère provisoire de ce geste. En refusant de partager, il tente en quelque sorte de défendre sa place parmi les autres. Ce refus, qui peut s'exprimer par des cris, des querelles et même des morsures, provoque chez les jeunes enfants de fréquents conflits liés au désir de possession d'un objet.

Vouloir posséder et refuser de partager sont des comportements normaux chez le jeune enfant. Le partage requiert un long apprentissage. L'enfant comprend d'abord la notion de propriété (ce jouet est à toi, celui-là est à Matthieu) avant celle du partage.

Préciser ce qui est à lui, ce qui est à l'autre et ce qui est à tout le monde est utile pour l'aider à développer cette notion de propriété. Dans les familles où il y a plusieurs enfants, il est bon de préciser à qui appartiennent les jouets : certains sont à un des enfants et d'autres, à tous.

Gronder un enfant de 2 ans pour l'obliger à partager n'a aucun sens. Pour l'aider, il sera plus utile de lui expliquer le principe de réciprocité : « Si tu lui prêtes cet objet, tu pourrais lui demander celui-ci en échange. » Toutefois, si deux enfants de 2 ans sont ensemble autour d'une table, pour gribouiller par exemple, mieux vaut donner à chacun le matériel requis.

Le jeu associatif

Ce n'est que vers l'âge de 3 ans que les enfants arrivent à jouer ensemble sans problème... pendant quelques minutes. Encore centrés sur leur point de vue, ils ont de la difficulté à comprendre que les autres perçoivent les choses différemment. Bien sûr, c'est plus facile si l'enfant n'a qu'un seul compagnon de jeu. D'ailleurs, à cet âge, l'enfant préfère jouer avec un seul ami plutôt qu'avec plusieurs.

Si vous faites une fête pour votre enfant de 3 ans, limitez le nombre de jeunes invités : vous limiterez d'autant les risques de conflits. Quand plusieurs enfants de cet âge partagent une activité, il faut qu'un adulte les supervise car les conflits surgissent fréquemment : lorsque l'enfant souhaite un objet, de l'attention ou de l'aide, c'est tout de suite qu'il le veut.

Bien sûr, l'adulte ne doit pas faire fonction de police (quoique ce soit parfois nécessaire) parce qu'alors les enfants n'apprennent pas à régler leurs différends. Il est plus utile que l'adulte propose aux enfants des suggestions pour résoudre le problème (« Tu peux lui demander de te prêter le crayon rouge quand il aura fini… ») plutôt que de donner des ordres (« Allez, prends plutôt le crayon jaune ! »). Ainsi, les enfants apprennent à se lier aux autres et à faire connaître leurs désirs de façon verbale plutôt que par des gestes agressifs.

Le jeu coopératif

Vers l'âge de 4-5 ans, l'égocentrisme diminue et l'enfant prend graduellement conscience des droits des autres ; il apprend à partager, à attendre son tour et à avoir du plaisir avec les autres. À cet âge, l'enfant coopère dans les jeux de groupe où chacun joue un rôle ; l'un sera le fermier et l'autre, le marchand. Dorénavant, il comprend davantage le principe de l'entraide et est plus enclin aux compromis, tout en étant capable de faire sa place dans le groupe. Toutefois, il éprouve encore des difficultés à intégrer une équipe sportive ; ses capacités à suivre des règles précises et son habileté à interagir avec les autres ne sont pas assez développées pour qu'il fonctionne harmonieusement dans la compétition.

À l'âge scolaire suivra le jeu de compétition où deux joueurs ou deux équipes s'affrontent pour remporter la victoire ; l'enfant y fera l'expérience de la réussite et de l'échec et comparera ses compétences à celles des autres.

* * *

Le jeu est une activité naturelle pour l'apprentissage social de l'enfant. En jouant avec des partenaires, il apprend à vivre en société et il découvre le plaisir de partager des activités avec les autres. Il en arrive alors à définir son rôle social et à trouver son identité ; au contact des autres enfants, il apprend à se connaître. Il découvre qu'il est un meneur né, ou celui dont on recherche la compagnie, ou celui qui trouve toujours des idées amusantes pour jouer.

Les frères et sœurs

L'enfant qui a des frères et sœurs a une longueur d'avance sur l'enfant unique en ce qui concerne l'apprentissage de la socialisation. En effet, il doit très tôt tenir compte des autres, sans se laisser dominer par eux et sans les écraser non plus, et trouver sa place dans sa famille.

Les enfants d'une même famille se soutiennent et s'entraident, mais ils jouent volontiers à s'attaquer et à se tirailler. Avoir des frères et sœurs, c'est partager ses parents : c'est donc vivre des sentiments de jalousie et de rivalité qui se traduisent souvent par des disputes. Chez le jeune enfant, ces bagarres seraient, semble-t-il, une preuve d'intimité ; il s'y livrerait plus volontiers avec les gens qu'il connaît bien. Ne nous étonnons pas qu'elles soient plus fréquentes à la maison qu'à l'extérieur et que certains enfants soient de vrais petits diables à la maison alors qu'ils passent pour des anges au service de garde.

Tout ce que l'enfant apprend avec ses frères et sœurs, l'enfant unique l'apprendra aussi, mais un peu plus tard. Bien sûr, si cet enfant a la possibilité de jouer avec d'autres enfants en milieu de garde ou ailleurs, ces expériences contribueront à sa socialisation.

Comme le dit Michel Lemay, les activités de jeu « sont médiatrices de la communication avec ses semblables et, par les jeux partagés, elles placent le sujet devant des succès, des échecs, des joies et des peines tout en le forçant à négocier sa place ; elles permettent à l'enfant de se faire des amis qui, parfois, resteront présents durant toute son existence[1] ».

L'amitié

Avec des partenaires de son âge, l'enfant établit des relations de type égalitaire où aucun n'a plus de pouvoir que l'autre. Ces

---

1. M. LEMAY. *Famille, qu'apportes-tu à l'enfant ?* Montréal : Éditions de l'Hôpital Sainte-Justine, 2001. p. 129

relations sont différentes de celles établies avec ses parents qui, elles, ne sont pas égalitaires puisque ses parents détiennent une autorité sur lui. Ses amis ne le laisseront pas gagner comme le font parfois ses parents mais avec eux, il éprouvera des joies et connaîtra des moments de fous rires comme il n'en connaîtra pas avec ses parents. L'habileté à se faire des amis et à les garder influence positivement l'adaptation future de l'enfant, entre autres à l'école.

Vers 2 ans, un ami est un partenaire de jeu agréable avec qui on expérimente le plaisir tout en minimisant les conflits. À cet âge, l'enfant peut démontrer son amitié par des gestes et des mimiques, et manifester son plaisir à jouer avec son ami. Entre amis, les enfants tentent de régler leurs conflits de façon pacifique, alors qu'avec des enfants sans liens amicaux, les conflits se termineront souvent par la domination d'un des partenaires.

Vers l'âge de 3 ans, au moment du jeu associatif, les conflits et les désaccords risquent d'augmenter, mais les possibilités de solidarité, d'humour et d'amusement aussi. L'enfant découvre les joies de l'amitié, et ses amis prennent encore plus d'importance vers l'âge de 4 ans. Les premières amitiés sont souvent instables : inséparables pendant plusieurs semaines, deux enfants peuvent, du jour au lendemain, ne plus vouloir jouer ensemble.

Comme dans le monde des adultes, certains enfants abordent facilement les autres et font sans hésiter les premiers pas, alors que d'autres, plus timides, attendent qu'on leur adresse la parole. Ils hésitent à se mêler spontanément aux jeux des autres.

Qu'est-ce qui fait qu'un enfant est apprécié des autres? Quelles sont les caractéristiques susceptibles de lui attirer des amis? Il semble que ce soit principalement sa bonne humeur, sa capacité de contrôler ses émotions et sa sensibilité aux besoins des autres. Par ailleurs, l'enfant agressif, brutal ou rancunier est moins recherché. Imprévisible et d'humeur changeante, il tient mordicus à son point de vue et ce comportement éloigne les petits amis.

Pour devenir un joueur recherché par les amis, l'enfant doit donc apprendre au cours de la période préscolaire à négocier, à coopérer, à partager, à comprendre la perspective de l'autre, à développer de l'empathie. Une telle compétence sociale lui permet de s'intégrer à un groupe et représente un préalable important pour une expérience scolaire positive.

Sur le plan social, un enfant qui a l'expérience du milieu de garde se développe-t-il différemment de l'autre qui demeure à la maison? Quel impact a la garderie sur la sociabilité de l'enfant?

La garderie et les habiletés sociales de l'enfant

Nombreuses sont les études qui ont évalué l'impact de la garderie sur le développement de l'enfant. Les plus récentes arrivent aux conclusions suivantes : c'est la qualité de la garderie qui exerce la plus grande influence sur le développement de l'enfant. En effet, la qualité du service de garde (personnel bien formé et éduqué, faible nombre d'enfants par adulte, faible taux de roulement du personnel) aurait un effet positif sur le développement intellectuel et le développement du langage des enfants, particulièrement chez ceux qui viennent d'un milieu défavorisé ou qui sont à risque d'avoir des difficultés cognitives.

En situation de jeu, il semble que l'enfant fréquentant la garderie manifeste plus ses émotions et a moins de comportements négatifs que l'enfant qui n'a pas cette expérience du milieu de garde. Par leurs réactions à son comportement, les autres enfants lui servent en quelque sorte de miroir. L'enfant apprend à modifier son comportement pour être accepté d'eux.

C'est toutefois dans sa famille que l'enfant s'initie d'abord à la vie de groupe, qu'il apprend à tenir compte des autres, à défendre son opinion, à respecter les règlements et à assumer des responsabilités. L'influence du milieu de garde n'est que complémentaire à celle de la famille.

L'ami imaginaire

« Non, maman, ne ferme pas la porte tout de suite. Didi n'est pas encore sorti. »

Qui est Didi ? Son ami imaginaire, bien sûr ! Pourquoi l'enfant a-t-il besoin de s'imaginer un ami ? Croit-il qu'il existe vraiment ? Comment réagir ? Lui faire comprendre que Didi n'existe pas ? Entrer dans son jeu ?

On a longtemps pensé que l'ami imaginaire était le lot des enfants uniques ou de ceux qui n'avaient pas d'amis. Maintenant on sait que des enfants créatifs, même entourés d'amis, ont aussi des «Didi» dans leur vie. Parfois, cet ami imaginaire est un animal. Environ deux enfants sur trois, à partir de l'âge de 3 ans, s'inventent un ami imaginaire. C'est un phénomène normal. Même Caillou en a un: il s'appelle Georges.

Certains parents s'inquiètent de l'arrivée d'un tel ami dans la vie de leur enfant. Perd-il le contact avec la réalité ou commence-t-il à raconter des mensonges? Ni l'un ni l'autre. En fait, l'enfant sait très bien que Didi sort de son imagination. Pour vous en convaincre, dites-lui avec le sourire: «Tu sais, moi, je ne vois pas Didi: de quoi a-t-il l'air?» Il sera très heureux de vous en donner une description qui pourrait changer dans le temps et son sourire vous remerciera d'entrer ainsi dans son jeu. Il faut éviter de ridiculiser l'enfant ou de rire de lui avec son ami imaginaire. D'ailleurs, y a-t-il une seule raison au monde qui justifie de rire d'un enfant?

L'enfant peut utiliser son ami imaginaire pour expliquer ses bévues: c'est lui qui a cassé un bibelot, renversé de l'eau sur le plancher ou fait tomber la plante. Évidemment, même si c'est son ami qui est «responsable», c'est à l'enfant de ramasser les dégâts. Didi pourrait aussi vous rendre service pour motiver l'enfant à s'acquitter de ses tâches. Alors que l'enfant n'a pas envie de se brosser les dents, Didi aimerait peut-être savoir où est le dentifrice et comment fait l'enfant, ce dernier devenant de la sorte le professeur de Didi.

Parfois, Didi permet à l'enfant de canaliser ses propres sentiments d'opposition. Il souligne combien Didi est chanceux, lui: il n'a pas à toujours dire merci ou à se laver les mains avant chaque repas parce que ses parents sont plus permissifs que vous et ne l'exigent pas. Dans des situations stressantes comme lors d'un déménagement ou de la mort d'un animal de compagnie, Didi apparaîtra peut-être plus souvent et il pourra aider à atténuer le stress ou la tristesse de l'enfant.

Certains enfants conservent cet ami précieux quelques semaines, d'autres quelques années. Un ami imaginaire, c'est la manifestation de la grande créativité de l'enfant. Il ne faut ni le craindre, ni le nier, ni lui donner plus d'importance qu'il n'en a.

L'animal comme partenaire de jeu

L'animal est un autre partenaire de jeu de l'enfant. Très tôt, il exerce une fascination sur le jeune enfant, que ce soit dans les histoires, dans les dessins animés, dans la vraie vie ou comme jouet. L'animal de peluche s'avère un jouet extraordinaire : en effet, en plus d'être d'une grande douceur, l'ours, le lapin ou le chien en peluche peut tout entendre. À la fois confident et consolateur, il peut aussi remplacer l'ami absent et partager le jeu de l'enfant, tenant fidèlement le rôle que celui-ci attend de lui. Il peut aussi susciter les premiers babillages de l'enfant. Cet animal en peluche sera peut-être l'objet consolateur lors de séparations. Comme cet animal est inanimé, l'enfant est le seul maître de la situation ; il peut le traiter comme il veut, sans conséquence.

Et l'animal en chair et en os ? Que ce soit un chat ou un chien, un animal vivant favorise les déplacements du jeune enfant, qui tente de le suivre. Le langage aussi est stimulé : l'enfant veut l'appeler, lui parler. Cet animal peut même devenir le principal confident de l'enfant, celui à qui il livre autant ses peines et ses frustrations que ses joies.

Avec un enfant plus vieux, la présence de l'animal permet d'aborder des questions de sexualité, de naissance ou de mort. Peut-être un de vos enfants vous demandera-t-il, comme cela m'est arrivé, si vous avez coupé son cordon ombilical avec vos dents comme il a vu la chienne de la famille le faire à la naissance de ses chiots !

Un animal vivant, contrairement à celui de peluche, est cependant une réalité dont il faut tenir compte : il faut le nourrir régulièrement, le sortir, le faire garder en notre absence. Contrairement à l'animal en peluche, il ne veut pas toujours jouer quand l'enfant le désire. Enfant et animal doivent faire des compromis.

Tous les enfants d'âge préscolaire réclament un jour ou l'autre un animal domestique à leurs parents. Pour maximiser leurs chances de succès, ils promettent de s'en occuper à 100 %. Bien que l'enfant d'âge préscolaire puisse participer à la préparation des repas de l'animal et aider à sa toilette (et qu'il soit très sincère dans ses promesses), il ne saurait en assumer complètement la responsabilité. S'occuper de l'autre, respecter ses engagements, assumer ses responsabilités sont des acquis qui se développent à l'âge scolaire. Un enfant de 10 ans saura le faire, pas un enfant de 4 ou 5 ans. Mieux vaut le savoir avant d'accéder à sa demande.

Jouer avec papa et maman

Papa et maman ne jouent pas de la même façon avec bébé. Plusieurs études le démontrent. Ainsi, quand il s'amuse avec son très jeune enfant, le père préfère des activités corporelles avec proximité physique : il bouge les bras et les jambes. Pour sa part, la mère a plus d'intérêt pour les jeux visuels, comme les mimiques ; elle parle davantage à l'enfant et suscite son attention en faisant des gestes devant lui et en frappant dans ses mains. Elle utilise aussi plus les objets pour attirer et maintenir l'attention du bébé. Pendant les six premiers mois, les jeux tactiles et verbaux prédominent toutefois chez les deux parents.

Puis, au cours des années subséquentes, les activités de jeu à partager avec l'enfant qui attirent l'un et l'autre parents sont différentes. Papa lui propose davantage de jeux physiques, maman joue plus souvent à des jeux de perception et de motricité fine (casse-tête, dessins) et elle lui raconte davantage d'histoires.

Relativement à une nouvelle situation, en présence d'un chien étranger par exemple, papa et maman réagissent aussi différemment. En général, la mère se rapproche de l'enfant pour le rassurer : elle est d'ailleurs perçue par l'enfant comme étant une source de sécurité. Pour sa part, le père a plus tendance à rester en retrait et à laisser l'enfant affronter la situation : de fait, le père incite davantage l'enfant à prendre des initiatives et à être plus audacieux.

Un chercheur s'est particulièrement intéressé aux jeux physiques du père avec son enfant (particulièrement avec son garçon)[2]. Ses résultats nous apprennent que des jeux de bataille ou de lutte dans lesquels il y a une implication chaleureuse du père et un contrôle modéré de sa part faciliteraient le développement de la capacité d'autocontrôle de l'enfant et auraient un effet positif sur

2. D. PAQUETTE. «Du nouveau dans la relation d'attachement père-enfant». *Défi jeunesse* janvier 2002 6-12.

l'adaptation de celui-ci à son environnement social. Selon ce chercheur, il est important de respecter ces différences dans le jeu entre le père et la mère et d'éviter de féminiser le rôle parental, cela demandant au père de se relier à l'enfant comme le fait la mère. De fait, les façons de faire de chacun des deux parents sont complémentaires et permettent à l'enfant une variété d'expériences.

Jouer avec grand-papa et grand-maman[3]

Les grands-parents d'aujourd'hui ont changé l'image qu'on en avait. Grand-maman n'a plus son chignon blanc ni son tablier et grand-papa a depuis longtemps éteint sa pipe et remisé sa chaise berçante ; souvent, les deux sont encore sur le marché du travail.

Ce qui n'a pas changé toutefois, c'est le lien très fort et très particulier qu'ils peuvent développer avec leurs petits-enfants. Quand ils les gardent, ils peuvent leur offrir un cadeau qui est inestimable de nos jours : du temps ! Les heures passées avec leur petit-enfant peuvent lui être entièrement consacrées puisque, contrairement aux parents, ils auront le temps de faire leurs autres tâches quand l'enfant sera retourné chez lui.

Comme ils ne sont pas pressés, ils acceptent volontiers que l'enfant les aide à ramasser les feuilles, à cueillir les tomates dans le potager ou à préparer des biscuits. Ils sont aussi des partenaires disponibles pour jouer à la cachette, aller à la pêche ou jouer au ballon. Ils peuvent aussi amener leur petit-enfant à des spectacles de magie, de cirque ou de théâtre.

En outre, les albums de photos des grands-parents révéleront de grands secrets à l'enfant, lui permettant de voir ses parents à son âge, de découvrir à quoi ils ressemblaient, les vêtements qu'ils portaient, les activités auxquelles ils participaient et leurs cadeaux d'anniversaire. C'est une façon très concrète et imagée de découvrir des aspects inconnus de ses parents.

Si, en plus, les grands-parents ont conservé les jouets de leur enfant, ce sera pour leur petit l'heure des grandes questions.

---

3. Pour approfondir le rôle des grands-parents, le lecteur est invité à lire F. FERLAND. *Grands-parents aujourd'hui – Plaisirs et pièges*. Montréal : Éditions de l'Hôpital Sainte-Justine, 2003.

« Qui est ce drôle de personnage appelé Goldorak ? Que fait-on avec ces *transformers* ? Maman jouait avec cette pouliche aux cheveux roses ? » L'enfant sera heureux de retrouver ces « nouveaux » jouets à chaque visite chez ses grands-parents.

Les grands-parents ont également dans leur bagage des histoires originales et inusitées à raconter à l'enfant, par exemple des histoires sur leur enfance, qui date de bien avant le magnétophone, le téléphone cellulaire et l'ordinateur. Du temps des dinosaures, quoi !

Toutes ces agréables activités partagées avec des personnes qui aiment l'enfant de façon inconditionnelle lui laisseront des souvenirs impérissables. Il est très dommage que certains grands-parents dédaignent de tels moments et ne s'impliquent pas auprès de leurs petits-enfants. Il est tout aussi dommage que des parents restreignent le temps que passent leurs enfants avec leurs grands-parents.

EN RÉSUMÉ

- Par son jeu en solitaire, le jeune enfant découvre son corps et son environnement.

- Lors du jeu en parallèle, il observe les autres et développe des stratégies pour éventuellement interagir avec eux.

- Dans le jeu associatif, l'enfant développe ses habiletés sociales : attendre son tour, partager, tenir compte de l'autre…

- Dans le jeu coopératif, l'enfant développe des liens d'amitié.

- L'ami imaginaire et l'animal sont aussi des partenaires de jeu de l'enfant.

- Papa et maman ne jouent pas de la même façon avec l'enfant et c'est heureux pour celui-ci : cela élargit son bagage d'expériences.

- Les grands-parents s'avèrent eux aussi de riches partenaires de jeu, offrant à l'enfant du temps et des jouets inédits (albums de photos, jouets anciens…).

CHAPITRE 9

DES DIFFICULTÉS AU JEU?

▼

Tout comme la beauté est dans l'œil
de celui qui regarde, le jeu est dans
l'esprit de celui qui joue.

C.B. Royeen[1]

Tout plaisir ou déplaisir de l'adulte
est très vite perçu par les enfants et influence
de façon non négligeable leur comportement.

Jean Epstein[2]

Certains enfants éprouvent diverses difficultés au jeu. L'un a du mal à partager ses jouets, l'autre ne veut jamais jouer seul, un autre ne semble pas avoir de plaisir à jouer, un dernier se frustre rapidement. Il arrive que des conditions viennent aussi handicaper l'enfant au jeu: pensons à une déficience physique, intellectuelle ou sensorielle. Dans ce chapitre, nous tenterons de comprendre certaines difficultés de l'enfant relativement au jeu et d'identifier diverses stratégies pour l'aider.

Cet enfant qui préfère la télé au jeu

Commençons par l'enfant qui veut écouter la télé en tout temps. En fait, cet enfant préfère rester devant le petit écran plutôt que de jouer. On comprend aisément que la télévision invite à l'inaction et ne saurait combler le besoin commun à

---

1. Traduction libre de C.B. Royeen «Play as occupation and indicator of health». Dans B.E.CHANDLER (Dir.) *The Essence of Play – A Child's Occupation.* Bethesda: American Occupational Therapy Association, 1997: 1.

2. J. EPSTIEN. *Le jeu enjeu.* Paris: Armand Colin Éditeurs, 1996: 74.

tout enfant de bouger, de jouer avec les autres, d'utiliser ses mains et son imagination. Écouter la télévision est une activité passive qui ne sollicite chez l'enfant ni initiative, ni spontanéité, ni goût de relever des défis.

Par ailleurs, si les émissions qu'écoute l'enfant ne sont pas supervisées par des adultes, il a alors accès à des émissions qui ne lui sont pas nécessairement destinées. Pensons simplement aux bulletins de nouvelles rapportant quotidiennement des attentats, des crimes, des émeutes : elles montrent souvent des images violentes et les jeunes enfants, jusqu'à 4 ans, ont du mal à distinguer la réalité de la fiction. Ces images violentes peuvent par ailleurs provoquer des craintes ou des cauchemars chez certains. Elles peuvent en inciter d'autres à tenter de reproduire ces actions dans leur jeu ou dans leurs contacts avec les autres enfants. De nombreuses recherches[3] ont démontré un lien évident entre une écoute sans discrimination de la télé et l'agressivité chez les enfants et chez les adolescents.

Pour l'aider ?

L'adulte doit en arriver à stimuler le besoin et le plaisir d'agir de cet enfant. Pour éviter une utilisation abusive de la télévision, il faut limiter le temps passé devant le petit écran. Pour ce faire, une bonne habitude consiste à éviter de laisser la télévision ouverte toute la journée et à ne l'ouvrir que pour voir une émission précise. Par ailleurs, les émissions qu'écoute l'enfant doivent être bien choisies. L'enfant peut participer à ce choix : on lui propose 2 ou 3 émissions possibles et on l'invite à identifier celle qu'il préfère. Jusqu'à 6 ans, le dessin animé représente le plus souvent son spectacle favori et il perçoit alors clairement qu'il est dans le monde de la fiction : on inclura donc de telles émissions dans le choix proposé.

Prendre le temps d'écouter une émission avec l'enfant et en discuter avec lui change cette activité au départ passive et solitaire en un moment agréable partagé avec l'adulte. Pour prolonger le plaisir avec ses amis de la télévision, on peut suggérer à l'enfant, une fois la télé fermée, d'inventer des histoires les concernant ou de les dessiner. Et pourquoi ne pas bricoler son propre

---

3. http://researchmatters.harvard.edu/story.php?article_id=318

téléviseur avec une boite de carton ? De celui qui écoute passivement, l'enfant deviendra l'animateur, le chanteur, le héros *dans* la télévision.

Comme adultes, nous devons contrôler la technologie (télévision, jeux informatiques) et non être contrôlés par elle. Il peut être tentant, tant pour les parents que pour l'enfant lui-même, d'utiliser la télévision comme solution de facilité. Comme éducateurs de jeunes enfants, nous devons leur inculquer des valeurs : demandons-nous si le fait de passer plusieurs heures devant la télé fait partie des choses importantes que l'on veut transmettre à nos enfants.

Cet enfant qui est mauvais joueur

Pensons maintenant à cet enfant qui, dès la première difficulté, laisse tomber l'activité de jeu et se fâche. Il se frustre rapidement et ne supporte pas de ne pas réussir du premier coup. La patience et la persévérance ne sont pas ses principales qualités. Il y a aussi cet autre enfant qui n'accepte pas de perdre. Dès qu'il pressent que son partenaire réussira mieux que lui, qu'il ne sera pas le meilleur, il cesse le jeu et refuse d'y jouer à nouveau. Ces deux enfants n'éprouvent de plaisir que dans la réussite instantanée ou dans la victoire.

Peut-être une telle réaction est-elle en lien avec certains traits du tempérament de l'enfant : il n'apprécie que ce qu'il réussit facilement, étant rapidement rebuté par tout effort à fournir. Il se peut aussi que cet enfant ait toujours privilégié du matériel de jeu qui ne demande ni effort ni habiletés particulières, comme des jouets téléguidés. Avec ce type de matériel de jeu, l'enfant répond à une stimulation mais n'a ni à faire de véritables choix, ni à prendre d'initiatives, ni à utiliser diverses habiletés. Alors, il n'a pas développé pleinement ses capacités ou son autonomie. En conséquence, dans un jeu qui sollicite une plus grande implication de sa part et qui requiert l'utilisation de ses ressources personnelles, l'enfant se sent perdu.

Il se peut aussi que cet enfant se sente en compétition avec des enfants plus vieux (compagnons de garderie, frère, sœur...) qui, eux, réussissent bien, ou alors que l'enfant lui-même se pose des attentes très élevées, souhaitant à tout prix réussir dès son premier essai.

Quelle qu'en soit la raison, un tel comportement risque de lui créer des difficultés tant à la garderie qu'à la maison et, plus tard, à l'école.

Pour l'aider?

Quand l'enfant éprouve une difficulté dans son jeu, mieux vaut ne pas le prendre de front. Pourquoi ne pas utiliser l'humour? Imaginons que l'enfant fait une tour de blocs et qu'elle ne cesse de tomber; on sent déjà la frustration chez l'enfant. Un commentaire du genre: «Il doit y avoir un gros vent qui fait tomber les constructions aujourd'hui» diminuera la tension chez l'enfant et dédramatisera la situation. Dans le jeu, l'échec n'est pas dramatique puisque «ce n'est qu'un jeu». Bien sûr, la frustration est bien réelle pour l'enfant et il prend la situation au sérieux. À nous de lui reconnaître le droit d'être frustré devant l'insuccès («C'est choquant quand on ne réussit pas: je comprends que tu sois déçu.») mais aussi de l'aider à relativiser la situation. En tout temps, il est préférable de mettre l'accent sur l'effort, et ce, avant même qu'une difficulté surgisse: «Dis donc, tu travailles fort!»

Il faut également offrir à l'enfant des jeux appropriés pour son âge afin d'éviter des échecs et des frustrations inutiles par des jeux trop complexes pour lui.

Par ailleurs, pour lui faire expérimenter le plaisir de jouer, peu importe l'issue du jeu, on peut lui proposer des jeux de coopération plutôt que des jeux de compétition: inventer avec son ami une histoire en utilisant les personnages de la ferme, jouer à l'école, faire de la peinture aux doigts, faire un casse-tête collectif. Dans de telles activités, personne ne gagne, personne ne perd et tous ont du plaisir.

Lorsque l'enfant a environ 4 ans, on peut lui proposer les premiers jeux de société, par exemple le jeu de serpents et échelles, le jeu de cartes *Rouge ou noire*. Dans ce type de jeu, seul le hasard intervient. Si l'enfant perd, on peut lui rappeler : «Tu n'as pas eu de chance: peut-être que la prochaine fois, tu seras plus chanceux.» Pour d'autres jeux qui font intervenir un peu plus de stratégie (exemple: jeu de dames), il est souhaitable que les deux joueurs soient de force égale; alors chacun gagnera à tour de rôle.

Quand l'adulte partage un jeu avec cet enfant, il devrait souligner davantage le plaisir de jouer ensemble plutôt que le fait de gagner : « C'est vraiment agréable de jouer avec toi : as-tu du plaisir, toi aussi ? » Quand l'adulte joue à un nouveau jeu de société avec lui, il peut laisser gagner l'enfant à l'occasion mais, à mesure que ses habiletés se développent, mieux vaut doser une telle participation complaisante. L'enfant appréciera alors d'autant plus sa victoire qu'il aura connu l'échec à l'occasion.

Parfois sans même s'en rendre compte, on met l'accent sur la compétition dans la famille : « Qui sera couché le premier, habillé le premier, prêt à partir le premier ? » Si tel est le cas, il faudrait revoir notre façon de motiver l'enfant.

N'oublions pas que l'exemple est le plus sûr motivateur. N'hésitons pas à parler de l'importance qu'ont pour nous l'entraide et le simple plaisir de s'amuser.

Cet enfant qui ne veut pas partager

Apprendre à partager se développe très doucement. Un jeune enfant n'a aucun plaisir à partager ses jouets avec d'autres enfants, et ne le désire pas non plus. D'ailleurs, il n'en comprend pas le principe puisque, pour lui, tout ce qui est à sa portée lui appartient. Il ne saisit pas la distinction entre « à moi » et « à toi », pas plus d'ailleurs qu'il comprend qu'on lui rendra le jouet qu'il prête. Quand d'autres enfants touchent à ses choses, il voit cela comme une menace.

Comme nous l'avons vu précédemment, avant de comprendre le principe du partage, l'enfant doit d'abord prendre conscience de la notion de propriété ; c'est vers 2 ans qu'il se rend compte que telle chose lui appartient, que telle autre est à son frère. Vers 3 ans, il commencera à accepter plus volontiers le partage et, vers 4 ans, il saura négocier avec plus d'habileté.

Pour l'aider ?

Avec de jeunes enfants, le fait d'avoir suffisamment de matériel permet que le partage se fasse plus facilement, que l'enfant se sente moins contraint de défendre ses possessions, son espace, son matériel. À titre d'exemple, il lui sera plus facile d'accepter qu'un autre enfant prenne le crayon qui est devant lui s'il y a plus d'un crayon par enfant.

Pour lui apprendre la notion de propriété, on peut s'amuser à lui demander d'identifier le propriétaire des objets de la maison : « À qui est cet ourson? Et ce petit miroir? Et ce sac à dos? Et cette cravate? » Un tel jeu permet à l'enfant de réaliser que certains objets sont à une personne et que d'autres appartiennent à toute la famille (téléviseur, piscine, ordinateur...). Cela l'aide à comprendre qu'à la garderie, les jouets sont à tous les enfants et que chacun peut s'en servir à tour de rôle. Par la suite, on peut apprivoiser la notion de partage par un jeu d'échange : « Tu veux mon petit miroir? D'accord, je te le prête et toi, que me prêtes-tu? » Au début, échanger est plus facile que prêter : on y reçoit aussi quelque chose, alors que prêter est à sens unique.

Graduellement, on peut tenter d'amener l'enfant à voir le point de vue de l'autre, à comprendre les sentiments qu'il éprouve quand on refuse toujours de prêter nos choses ou qu'on crie pour récupérer ce qui nous a été dérobé. Toutefois, ce n'est pas magique et il est difficile pour l'enfant de se mettre à la place de l'autre. S'il ne veut pas partager un jouet, peut-être peut-il partager autre chose, comme les raisins secs qui lui servent de collation, par exemple.

Il peut s'avérer très utile, dans ces situations de négociation, d'impliquer les enfants dans la recherche de solutions. « Maxime veut le camion mais Sarah joue avec : que peut-on faire? » Les amener à trouver eux-mêmes un compromis leur apprendra beaucoup plus que de régler le différend pour eux.

On ne doit toutefois pas demander à l'enfant de prêter l'objet qui a, pour lui, une valeur affective particulière, telle sa *doudou*. Cet objet, qui le console quand il est triste ou qui lui permet de mieux accepter la séparation d'avec ses parents, est aussi personnel que sa brosse à dents.

Cet enfant qui ne joue jamais seul

Cet enfant a toujours besoin de l'adulte ou d'amis pour jouer, sinon il ne sait pas quoi faire. Cela peut être le cas de l'enfant qui n'a pas eu l'occasion d'apprendre à jouer seul, demeurant dépendant de l'adulte pour organiser ses jeux. C'est peut-être aussi le cas de l'enfant qui n'a pas développé de confiance en ses habiletés : il a besoin du soutien des autres. Il peut aussi s'agir d'un enfant très sociable qui ne se sent bien que lorsqu'il est entouré d'autres enfants ou d'adultes pour partager ses jeux.

Pour l'aider ?

Pendant que l'enfant joue, l'adulte peut être à proximité et, tout en faisant ses tâches, le regarder jouer et commenter à l'occasion son action. « Oh ! C'est une bonne idée de donner à manger à ton ourson : il avait l'air d'avoir faim. » La seule présence de l'adulte à proximité de l'enfant peut suffire à le rassurer et il sera davantage porté à tenter quelques initiatives.

Des suggestions de l'adulte concernant des utilisations différentes du matériel peuvent venir enrichir le jeu de l'enfant. « Est-ce que ton ourson sait danser ? ... Ah ! Oui et il danse bien ! » « Connais-tu une chanson qui pourrait l'aider à s'endormir ? ... Il a dû aimer ta voix : il dort. » Souligner les habiletés de l'enfant renforce aussi sa confiance en lui.

Un matériel de jeu polyvalent et simple, dont l'enfant pourra acquérir rapidement la maîtrise, lui permettra aussi de développer une confiance dans ses habiletés et découvrir le plaisir de faire quelque chose par lui-même.

L'enfant très sociable qui souhaite toujours des partenaires avec qui partager son jeu doit aussi apprendre à jouer seul. On peut lui suggérer des activités dont il pourra montrer plus tard le résultat aux autres : faire un dessin pour grand-maman ou une construction qu'on gardera intacte pour la monter à papa à son retour.

Cet enfant qui ne veut pas jouer avec les autres

À l'inverse du précédent, cet enfant préfère jouer seul : il n'apprécie pas la compagnie des autres enfants. Par leur tempérament, les enfants sont très différents les uns des autres quant à leur relation aux autres. Certains s'extériorisent facilement et apprécient d'emblée être en présence d'autres enfants ; d'autres sont plus réservés et un peu méfiants. Plus de temps est alors nécessaire pour qu'ils éprouvent du plaisir à se mêler aux jeux des autres.

Pour l'aider?

Cet enfant, moins porté à aller vers les autres, appréciera davantage la présence d'un seul enfant à la fois. Lors d'une sortie au parc, il faut lui donner le temps d'observer les autres enfants et lui laisser l'initiative du premier contact. S'il ne le fait pas, ce sera pour la prochaine fois. Il est préférable de suivre son rythme que de forcer un rapprochement. Lui donner des occasions de se retrouver en présence d'autres enfants l'aidera graduellement à se faire suffisamment confiance pour faire confiance aux autres.

Quand d'autres enfants viennent dans la famille (enfants d'amis ou de la parenté), il est sage de les laisser s'organiser entre eux. Mieux vaut ne pas surprotéger l'enfant et lui faire confiance : il décidera à son rythme de jouer avec les amis, surtout s'il ne sent pas de pression de la part de ses parents.

Cet enfant qui ne semble pas avoir de plaisir à jouer et qui joue toujours à la même chose

Il a déjà été dit que la répétition d'une activité permet à l'enfant d'en arriver à mieux la maîtriser. Ici, la situation est différente : l'enfant refait inlassablement le même jeu sans manifester de plaisir. Peut-être cet enfant se trouve-t-il compétent dans ce jeu et choisit-il de s'y cantonner : il craint d'essayer de nouvelles choses qu'il ne connaît pas. N'ayant pas confiance en ses habiletés, il évite de la sorte l'échec. Peut-être a-t-on (ou ressent-il qu'on a) à son endroit des attentes trop élevées, des attentes de réussite constante. Peut-être que les jeux qui lui sont proposés sont trop difficiles. Quoiqu'il en soit, cet enfant n'a certainement pas découvert le plaisir du jeu.

Pour l'aider?

Une activité simple partagée avec lui peut l'aider à expérimenter le plaisir de jouer. Il existe aussi certains types de jeu qui ne demandent pas d'habiletés particulières mais qui peuvent susciter l'intérêt de l'enfant : collectionner des petits cailloux, observer les chenilles à l'extérieur, manipuler un magnétophone.

On peut faire des suggestions pour faire évoluer le jeu, non pas pour le rendre plus difficile, mais bien plus amusant. Ainsi, s'il refait toujours la même tour de blocs sans que le plaisir semble présent, on peut lui dire: « Penses-tu qu'on pourrait la faire monter jusqu'au ciel? » Quand la tour tombe, c'est l'occasion de lui montrer que ça aussi, c'est drôle. On peut aussi suggérer une variante dans le jeu. Reprenons l'exemple de la tour de blocs. « J'ai ici un petit chien qui veut traverser la rivière mais il ne sait pas nager; est-ce qu'on peut l'aider avec nos blocs? » Les blocs peuvent alors devenir des roches sur lesquelles le chien peut sauter pour se rendre sur l'autre rive, ou les blocs posés côte à côte prennent l'allure d'un pont permettant au chien d'éviter de se mouiller. Dans cette variante, l'enfant apprend qu'on peut s'amuser à imaginer, à trouver des solutions farfelues, et que les blocs peuvent devenir bien d'autres choses qu'une tour.

La présence d'autres enfants pourra aussi enrichir son répertoire de jeu et varier ses intérêts. On pourra l'inviter à observer et commenter ce que font les autres enfants au parc. Peut-être en retirera-t-il une façon nouvelle de jouer?

Cet enfant qui a des limitations physiques

Tout enfant gêné dans son corps, dans ses moyens d'action, éprouvera à des degrés variés des limites dans ses déplacements, dans ses manipulations. Ses difficultés motrices peuvent aller d'une simple maladresse chronique à des difficultés importantes de manipulation, d'un problème d'équilibre à l'impossibilité de marcher. Alors ses interactions avec son environnement seront limitées. Il ne pourra pas aller aussi aisément vers les objets qui l'attirent ou vers les gens. Son exploration du monde environnant sera ainsi plus limitée.

Il est intéressant de savoir que cet enfant, même s'il présente des incapacités importantes, peut avoir une attitude ludique, c'est-à-dire avoir du plaisir, être curieux, spontané, avoir un bon sens de l'humour, être intéressé à relever des défis et à prendre des initiatives. En effet, une étude a démontré[4] que ces aspects n'étaient pas en lien avec la sévérité de l'atteinte de

---

4. M. DUFOUR, F. FERLAND et J. GOSSELIN. « Relation entre le comportement ludique et la capacité fonctionnelle chez l'enfant avec déficience physique ». *Revue canadienne d'ergothérapie* 1998 64 : 210-218.

l'enfant mais semblaient davantage relever de ses caractéristiques personnelles.

Pour l'aider ?

Tout jeune enfant apprécie les jeux sensoriels, des jeux qui stimulent la vue, le toucher, l'odorat, l'audition, le mouvement. L'enfant qui a une limitation physique ne fait pas exception : il aime les jouets vibratoires en forme d'animaux, les hochets de textures variées, les couvertures ou les cubes tactiles faits de bouts de tissus de différentes textures, les jouets musicaux.

Pour lui permettre de faire de nombreuses découvertes sur son environnement en dépit de ses difficultés de déplacement, l'adulte peut mettre à sa portée divers objets à toucher, à regarder, à écouter, à sentir ; ainsi, déposer tour à tour sur son plateau du sable ou un glaçon dans un bol, une brosse à cheveux, une radio jouet ou un animal en peluche lui permettra de prendre contact avec ces objets et d'en découvrir les caractéristiques.

Différentes adaptations fort simples peuvent l'aider à saisir et à manipuler les objets. Ainsi, des blocs recouverts de velcro sur une face ou surmontés d'un pion arrondi au centre permettront une meilleure prise et assureront le succès de la construction. Le velcro peut aussi être utilisé sur une balle, qui sera lancée sur une cible à laquelle adhérera le velcro. Un tapis antidérapant sous l'objet que l'enfant manipule élimine beaucoup de frustration, évitant que cet objet se déplace sans cesse.

D'autres adaptations maison toutes simples peuvent faciliter de nombreux jeux : renforcer et grossir le bout à insérer dans la bille de bois lors de jeux d'enfilage, grossir le manche du crayon, par exemple par un tube de mousse dans lequel le crayon est enfilé, ajouter des sacs de sable pour rendre plus stable le trotteur, ajouter de petites poignées de bois sur les pièces d'encastrement.

Pour l'enfant présentant des difficultés plus importantes qui empêchent toute manipulation d'objets, les jeux à piles ne requérant que le geste de presser et de relâcher un bouton lui offriront une première expérience de contrôle sur son environnement, en plus de lui faire expérimenter le principe de cause à effet : quand il presse le bouton, le lapin avance, s'il le relâche, le lapin s'arrête. Ce type de jeu peut également le préparer à utiliser un ordinateur adapté quelques années plus tard.

Certaines positions peuvent aussi faciliter son jeu. Pour plusieurs, être couché sur le côté sera la position la plus confortable pour bien voir le jouet et utiliser sa main pour le saisir. À l'extérieur, on peut asseoir l'enfant dans un pneu recouvert d'une couverture ; un tel siège permet à l'enfant qui est habituellement en fauteuil roulant d'être assis tout en étant soutenu de façon sécuritaire. À l'intérieur, on peut l'aider à maintenir la position assise sur le sol en fabriquant un support fait d'une planche dont les rebords soutiennent le bas de son dos ; pour certains, une séparation à l'avant permettant de déposer les jambes de chaque côté leur assurera un meilleur équilibre.

Dans tous les cas, les thérapeutes qui suivent l'enfant en réadaptation, et particulièrement les ergothérapeutes, peuvent conseiller les parents à ce sujet.

Ces thérapeutes pourront aussi informer les parents quant à l'existence d'une ludothèque dans leur région : il sera alors possible à ces derniers d'emprunter des jouets adaptés aux besoins de leur enfant et qui lui offriront une variété d'expériences.

Cet enfant qui a des limitations intellectuelles

Cet enfant ne présente pas de difficultés motrices ; la manipulation du matériel de jeu et les déplacements dans son environnement se feront donc sans problème. Toutefois, sa manipulation des objets sera souvent répétitive, sans objectif précis, sans but. Par ailleurs, on pourra observer un intérêt de courte durée chez cet enfant, qui a du mal à soutenir son attention longtemps.

Certaines habiletés seront plus lentes à se développer, tel que comprendre l'effet de son action : il ne réalise pas spontanément le lien entre ce qu'il fait et ce qui en résulte. Le jeu de faire semblant aura peu de sens pour lui. Toutefois, bien que ses habiletés de jeu suivent son âge mental, cet enfant peut manifester du plaisir, de la curiosité, des initiatives et être spontané[5].

---

5. J. Messier. *L'influence des capacités intellectuelles sur le comportement ludique d'enfants avec une déficience intellectuelle.* [Mémoire de maîtrise en sciences biomédicales]. Montréal : Faculté des études supérieures, Université de Montréal, 2000.

Pour l'aider?

Lui fournir un matériel de jeu varié aidera cet enfant à maintenir son intérêt plus longtemps. Selon la gravité de la déficience, il pourrait avoir besoin d'accompagnement pour découvrir les caractéristiques des objets (doux/rugueux, froid/chaud...). En lui faisant prendre conscience des propriétés des objets, l'adulte l'aide à investiguer le matériel de jeu, de même qu'à l'utiliser de manière fonctionnelle: le ballon étant rond, on peut le rouler sur le plancher; le crayon permet de faire des traits sur le papier. Il prend alors aussi conscience de l'effet de son action.

En général, cet enfant apprécie davantage du matériel de jeu structuré: il préfère un jouet mécanique avec lequel, d'une pression du doigt, il fait sortir un clown de sa boîte à une activité de dessin. L'accompagnement de l'adulte lui sera profitable pour aller au-delà de ses intérêts initiaux vers la découverte d'autres types de jouets. Cet enfant bénéficiera aussi de l'aide de l'adulte pour comprendre le jeu de faire semblant et en tirer du plaisir.

Cet enfant qui a des limitations sensorielles
Problèmes de vision

Compte tenu de ses problèmes de vision, cet enfant ne reçoit pas les informations qui pourraient le renseigner entre autres sur les formes, les grosseurs, les couleurs, les mouvements des objets. En conséquence, son apprentissage s'en trouve morcelé et les images mentales qu'il se fait des objets environnants, segmentées. Par exemple, comment peut-il s'imaginer une chaise? Quand il se promène à quatre pattes et qu'il touche quatre poteaux, on lui dit que c'est une chaise. Quand il s'assoit sur un siège pour manger, on lui dit à nouveau qu'il s'agit d'une chaise. Quelle est la véritable forme d'une chaise: quatre poteaux ou un siège?

Cet enfant est facilement inquiet par les bruits environnants. Il cessera son activité s'il entend un bruit inconnu. Cet enfant peut aussi craindre d'explorer l'espace, ne voyant pas où il se dirige. Ne pouvant voir ce qu'il fait, il sera souvent maladroit dans ses jeux de construction. Par ailleurs, il aura du mal à comprendre certains concepts tels que celui de permanence de l'objet. En effet, comment comprendre que les objets continuent d'exister quand on ne les voit plus alors qu'on ne les a jamais vus ? Sa découverte des objets se fera principalement par le toucher et l'audition.

Pour l'aider ?

Si on reprend l'exemple de la chaise, l'adulte peut faire toucher à l'enfant une chaise jouet qui lui permettra de réaliser la place du siège et des poteaux et la forme globale de cet objet. Puis, sa chaise pourra être explorée, réalisant la différence de grosseurs. De la sorte, l'enfant découvre d'une façon appropriée à sa condition les caractéristiques des objets.

Mettre des mots sur ce que l'enfant touche ou fait l'aide à se situer dans son environnement. «Tu es tout près du fauteuil; peux-tu le toucher?» «Ah! Tu as pris un camion dans tes mains.»

Comme il est sensible aux bruits, il est important de lui signaler qu'on vient vers lui par la parole. Il ne faut pas s'étonner de sa tendance à toucher les personnes puisque c'est son moyen de les reconnaître: il sera utile d'en informer ses partenaires de jeu éventuels. Les jouets avec composante sonore sont ses préférés: magnétophone à cassettes, radio musical, xylophone…

Problèmes d'audition

Cet enfant regarde beaucoup l'expression faciale des gens qui l'entourent. C'est de cette façon qu'il décode leur humeur ou leurs sentiments. Il suit tout ce qui se passe autour de lui, ce qui peut le distraire de l'activité en cours. Comme il n'entend pas, il peut être bruyant, déposant lourdement les jouets sur la table. Cet enfant passera en général plus de temps à jouer seul qu'avec les autres et sera moins porté vers le jeu symbolique, demeurant à un niveau plus concret de jeu.

Pour l'aider ?

Avec cet enfant, il faut être conscient de nos expressions faciales: c'est un mode privilégié de communication avec lui. Un sourire, une mimique drôle, un clin d'œil sont des façons intéressantes de se relier à lui. Pour ce faire, bien sûr, il faut être vigilant à demeurer dans son champ visuel.

Jouer avec l'adulte lui apprend le plaisir à être et faire avec les autres et pave la voie pour l'inciter au jeu interactif avec les autres enfants. L'adulte peut lui faire réaliser que le visage et le corps peuvent servir à communiquer en remplaçant les mots par des expressions faciales ; par exemple, en frottant le ventre de son bébé pour montrer qu'il a faim, en démontrant que tel personnage est content en souriant à pleines dents. L'adulte peut aussi l'aider à comprendre le jeu de faire semblant et à y prendre plaisir ; pour ce faire, s'amuser à faire semblant à partir d'illustrations (ex. : boire le verre de lait du livre) sera utile.

* * *

En résumé, pour aider l'enfant qui a des difficultés au jeu, l'adulte a un rôle non négligeable en tant que facilitateur. Au départ, il doit toutefois tenter de comprendre la nature et l'origine de ces difficultés. Diverses stratégies s'offrent alors à lui pour agir auprès de l'enfant.

STRATÉGIES POUR AIDER L'ENFANT
D'ÂGE PRÉSCOLAIRE QUI A DES DIFFICULTÉS AU JEU

Se tenir près de l'enfant	Pour rassurer l'enfant craintif, dépendant, peu confiant en ses habiletés.
L'accompagner verbalement	Pour aider l'enfant à prendre des initiatives, à régler des conflits, à trouver des solutions; pour enrichir son jeu; pour souligner les efforts de l'enfant et les nouvelles habiletés qu'il démontre.
Lui offrir du matériel de jeu approprié à son développement	Pour faire vivre des succès à l'enfant; pour lui faire découvrir le plaisir de jouer; pour éviter des frustrations inutiles; pour développer chez lui des habiletés de base.
Utiliser l'humour	Pour dédramatiser les situations difficiles pour l'enfant, pour piquer sa curiosité, pour stimuler son désir de comprendre le monde qui l'entoure.
Jouer avec l'enfant	Pour lui servir de modèle; pour faire évoluer son jeu; pour l'aider à expérimenter le plaisir de jouer.
Favoriser la présence de partenaires	Pour offrir à l'enfant des modèles; pour varier ses expériences et intérêts de jeu.
Mettre davantage l'accent sur la collaboration que sur la compétition	Pour permettre de véritablement découvrir le plaisir du jeu qui devrait être présent tout au long de l'activité et non n'être tributaire que de son dénouement.
Ne pas évacuer l'échec du jeu	Pour pouvoir l'apprivoiser et le dédramatiser, et ce, dans un contexte agréable et non menaçant.

CHAPITRE **10**

JOUER EN TOUTE SÉCURITÉ

▼

Ils [les enfants] ont droit à la joie
et au plaisir d'habiter leur univers,
la planète enfance.

Sylvie Bourcier

L'imagination est plus importante que le savoir.

Albert Einstein

Saviez-vous que de la naissance à 4 ans, 9 % des enfants canadiens sont amenés annuellement chez le médecin pour des blessures survenues majoritairement à la maison, tant à l'intérieur qu'à l'extérieur[1] ? Les principaux types de blessures sont les coupures, les éraflures, les contusions, suivies des fractures et des entorses, résultant dans plus de 57 % des cas d'une chute survenue principalement pendant le jeu.

Diverses précautions s'imposent pour que le jeu soit sans danger et certaines mesures sont aussi nécessaires pour maintenir la santé de l'enfant (une bonne hygiène et de bonnes postures, par exemple). Il a déjà été dit qu'un des premiers critères d'un bon jouet concerne la sécurité. Parmi les précautions à prendre, il y a celles qui concernent les jouets commerciaux, mais aussi le matériel de jeu fait maison et les objets domestiques que l'enfant peut s'approprier comme jouets. Il faut également s'assurer que l'environnement dans lequel l'enfant joue soit exempt de danger.

---

1. B. PLESS et W. MILLAR. *Unintentional Injuries in Childhood: Results from Canadian Health Survey.* Ottawa : Santé Canada, 2000.

Sécurité des jouets faits maison

Si maman ou grand-maman a la bonne idée de fabriquer quelques jouets en tissu, deux précautions s'imposent : il faut vérifier la solidité des coutures et des accessoires qui y sont cousus, de même que la qualité de la teinture. Ainsi, si des boutons sont devenus les yeux d'un animal, il faut en vérifier la résistance en les tirant avec force. Si les boutons résistent à ce geste, ils résisteront tout autant aux manipulations de l'enfant.

Une autre précaution concerne la qualité de la teinture : certains tissus sont faits avec une teinture de qualité médiocre. Comme le jeune enfant porte tout à sa bouche, vous pourriez le voir grimacer. Avant de mettre entre les mains de votre enfant un jouet maison en tissu, « goûtez-le » ; vous saurez rapidement si la teinture est de qualité.

Par ailleurs, tous les jouets en tissu ou en peluche, qu'ils soient faits maison ou qu'ils aient été achetés au magasin, doivent être tenus loin de la cuisinière, du foyer, des radiateurs ou de toute autre source de chaleur.

Par ailleurs, papa ou grand-papa qui fabrique un jouet en bois doit éviter toute arête sur laquelle l'enfant pourrait se blesser et plutôt opter pour des formes légèrement arrondies. De plus, la peinture et le vernis utilisés doivent être non toxiques, compte tenu que le jeune enfant est susceptible de porter aussi ce jouet à sa bouche.

L'hygiène des jouets

Les jouets doivent être nettoyés et lavés régulièrement, tout comme les objets sur lesquels l'enfant colle le plus souvent ses mains ou sa bouche, tels que les boutons de porte et la poignée du réfrigérateur.

Le meilleur moyen de prévenir les infections chez l'enfant consiste toutefois à lui laver les mains fréquemment au cours de la journée : avant les repas, au retour d'une activité extérieure, après avoir joué, après être allé aux toilettes. C'est une précieuse habitude de vie à donner à l'enfant que de l'accoutumer très tôt à se laver les mains et de lui montrer à bien le faire.

Les jouets dangereux pour les jeunes enfants
Ballons gonflables

Le plus grand nombre de décès liés à des «jouets» sont attribuables à l'étouffement avec des ballons non gonflés ou des morceaux de ballons crevés. Il faut surveiller de près des enfants qui jouent avec ces ballons, lors d'une fête par exemple, et jeter immédiatement ceux qui sont crevés.

Papier journal

L'enfant réussit aisément à déchirer du papier journal (ou du papier d'emballage ou les feuilles d'un catalogue) et, s'il le porte à sa bouche, il peut obstruer ses voies respiratoires. Il est donc prudent de mettre les journaux hors de la portée du jeune enfant et de leur préférer des livres cartonnés faits spécialement pour résister aux petites mains curieuses.

Sacs de plastique

Les sacs de plastique ne doivent pas non plus servir de jouets. À surveiller: les emballages des jouets, les enveloppes de plastique recouvrant les vêtements revenant du nettoyage à sec, les sacs d'épicerie. Dès l'arrivée à la maison, soit on les jette, soit on les noue et on les range pour fins de recyclage. Quand on souhaite ranger les jouets d'un jeune enfant pendant un certain temps, mieux vaut utiliser une boîte de carton qu'un sac de plastique.

Jouets à pile

Les enfants peuvent se brûler avec des jouets à pile qui surchauffent. Assurez-vous que les piles sont correctement insérées dans le jouet; c'est d'ailleurs un adulte qui doit changer les piles d'un jouet et non un enfant. Si les piles sont facilement accessibles pour l'enfant, elles présentent un danger.

Saviez-vous qu'il est dangereux d'utiliser de vieilles piles avec des piles neuves, des piles alcalines avec d'autres au carbone, des piles rechargeables avec d'autres qui ne le sont pas? Dans un jouet, toutes les piles devraient être du même âge et du même genre. Enfin, on ne doit pas apporter des jouets à pile dans le lit de l'enfant: un ourson, c'est beaucoup mieux et tellement plus doux!

Les enfants plus vieux doivent apprendre à ne pas s'approcher la tête des véhicules à roues qui fonctionnent avec des piles, car leurs cheveux peuvent s'y emmêler.

Jouets d'enfants plus âgés

Si l'enfant a une sœur ou un frère plus âgé, il faut s'assurer que les jouets de l'aîné ne deviennent pas une cause d'accident pour lui, et mettre hors de sa portée tout ce qui pourrait être avalé. Les jouets de l'enfant plus jeune peuvent être utilisés sans risque par un enfant plus vieux, mais non l'inverse.

Les jouets projectiles, comme ceux qui sont munis de pièces à propulsion, fort appréciés par l'enfant d'âge préscolaire, peuvent blesser un jeune enfant, surtout aux yeux. Il est important d'enseigner à l'enfant à ne jamais pointer de tels jouets en direction d'une personne.

Pour vous assurer que ce que vous présentez à votre jeune enfant n'est pas trop petit, procurez-vous un tube de suffocation, disponible dans certaines quincailleries. Si le jouet ou des parties de celui-ci passent dans le tube, c'est qu'ils présentent un risque d'étouffement. Un rouleau cartonné de papier de toilette peut aussi servir de tube de suffocation, s'il présente une ouverture de 3,17 cm (1,25 pouce). Tout objet qui peut le traverser doit être mis hors de portée du jeune enfant. Il peut s'agir d'une pièce de casse-tête, d'un jouet miniature, d'un petit personnage, d'un dé, de jetons venant d'un jeu de l'aîné. Cette précaution est valable pour tous les enfants de moins de 3 ans.

Jouets en mousse

Les jouets en mousse, balles ou personnages, sont à bannir pour le jeune enfant parce qu'il peut les déchirer en morceaux, les porter à sa bouche et s'étouffer.

Jouets bruyants

Quand on parle de sécurité des jouets, on ne pense pas spontanément au bruit qu'ils produisent. Pourtant, en plus d'exciter l'enfant (et de vous énerver), un jouet bruyant régulièrement utilisé peut avoir un impact sur son audition. Il faut être d'autant plus attentif à cette caractéristique que, compte tenu de la taille de l'enfant, celui-ci entend de beaucoup plus près que vous le bruit produit par le jouet. Ainsi, un jouet dont vous jugez le bruit tout à fait supportable peut s'avérer en réalité trop fort pour l'enfant.

Un jouet bruyant utilisé très fréquemment peut entraîner une perte d'audition. Avec une perte d'audition, même légère, l'enfant peut devenir moins attentif quand vous lui parlez. Un tel jouet peut ainsi influencer négativement le développement de son langage, qui repose en bonne partie sur ce qu'il entend.

Jouets brisés

Il est également important de s'assurer régulièrement que les jouets de bébé sont intacts ; ils ne doivent ni être brisés ni présenter une arête coupante.

Jouets interdits

La loi canadienne sur les produits dangereux indique certains jouets qui sont interdits de publicité, de vente ou d'importation. Il s'agit entre autres des jouets de type yo-yo, de ceux émettant un bruit dépassant 100 décibels et, pour les enfants de moins de 3 ans, de jouets contenant des graines de plante comme matériau de rembourrage ou servant à faire du bruit. Par ailleurs, certains produits pour enfants, incluant des jouets, ont été retirés du marché : vous en retrouverez la liste, faite depuis 1995, à l'adresse figurant au bas de la page[2].

Pour ranger les jouets : tablettes ou coffre ?

Il existe de très beaux coffres à jouets sur le marché. Parfois, des papas ou grands-papas bricoleurs en font aussi de magnifiques. Pour l'enfant, est-ce préférable que les jouets soient posés sur des tablettes ou déposés dans le coffre ?

Voyons les avantages de l'une et de l'autre possibilité. Quand les jouets sont dans un coffre, ils s'y retrouvent pêle-mêle et l'enfant peut avoir de la difficulté à trouver les pièces qui vont avec un jouet. À la fin du jeu, l'enfant sera davantage porté à les laisser tomber dans le coffre et alors le risque de bris des jouets est plus grand. Question de sécurité, si l'enfant dispose d'un

2. www.hc-sc.gc.ca/hecs-sesc/spc/retraits_produits_enfants.htm

coffre à jouets, il faut s'assurer qu'il y a une ouverture d'aération au cas où il s'y faufilerait ; pour les mêmes raisons, le couvercle doit être léger et facile à soulever de l'intérieur.

Si on utilise des tablettes fixées au mur, l'enfant voit d'emblée l'ensemble de ses jouets et trouve facilement celui qu'il veut ; il peut aisément s'en saisir et le remettre à sa place tout seul. Il faut toutefois que les tablettes soient à la bonne hauteur. Pour déterminer la hauteur appropriée pour l'enfant, celui-ci doit être capable, en élevant le bras, de poser sa main à plat sur la tablette la plus haute ; alors l'enfant pourra voir ce qu'il y a sur toutes les tablettes et rejoindre chacun des jouets. Par contre, on a avantage à laisser sur le plancher les jouets plus lourds, comme un gros camion ou un panier de blocs.

Même si, pour le quotidien, les tablettes peuvent s'avérer plus utiles pour voir et ranger les jouets, un coffre peut l'être aussi. Il peut, par exemple, permettre de faire le roulement des jouets : y ranger pour un temps certains jouets et en ressortir d'autres sur les tablettes. Un coffre peut aussi faire office de boîte aux trésors pour l'enfant, qui peut y conserver des souvenirs personnels qu'il prend plaisir à sortir occasionnellement.

Les bonnes positions de jeu
Assis par terre

Le jeune enfant joue fréquemment assis par terre sur le plancher du salon ou dans sa chambre. Certains prennent l'habitude de s'asseoir en grenouille ; plutôt que de s'asseoir sur leurs talons, ils ressortent les jambes de chaque côté, ce qui étire d'une mauvaise façon les ligaments de l'articulation du genou. Le genou n'est pas fait pour cette position, mais seulement pour des mouvements de flexion et d'extension. Mieux vaut s'asseoir *en indien*, les jambes croisées l'une sur l'autre devant soi.

Assis à une table

Quand on dispose une table de jeu pour un jeune enfant, il faut suivre quelques règles d'ergonomie.

- Quand cela est possible, favoriser un éclairage naturel. On place la table de l'enfant perpendiculairement à la fenêtre, de sorte que l'éclairage vienne de sa gauche si l'enfant est droitier (ou si sa latéralité n'est pas encore établie, mais qu'il utilise le plus souvent sa main droite) et de sa droite s'il est gaucher. On peut ainsi éviter que sa main jette de l'ombre sur son jouet ou sur le papier.

- Concernant l'éclairage artificiel, avec un jeune enfant, mieux vaut choisir un éclairage central au plafond de la chambre, ce qui diminue les risques d'accidents ou de brûlures. Alors la table sera placée encore une fois de manière à éviter toute interférence entre la source lumineuse et l'enfant.

- Si on choisit de placer une lampe d'appoint sur sa table, des ampoules incandescentes classiques sont préférables aux ampoules de type halogène qui, elles, deviennent très chaudes et peuvent provoquer des brûlures. On place cette lampe à l'avant de l'enfant, du côté gauche s'il est droitier, et du côté droit s'il est gaucher.

- Il est préférable d'éviter un revêtement lustré pour la table afin de prévenir les éblouissements dus à l'éclairage.

- La hauteur de la table doit dépasser d'environ 3 à 5 cm la hauteur des coudes de l'enfant quand il est assis et qu'il appuie ses avant-bras sur la table.

- La chaise doit être d'une hauteur qui permet un angle droit aux hanches. L'enfant doit également pouvoir poser ses pieds bien à plat sur le plancher afin d'éviter l'écrasement de la cuisse sur la chaise et de favoriser un bon alignement du corps en position assise. Si la chaise est trop haute, il suffit d'un petit tabouret pour poser ses pieds à plat.

Debout près de l'évier

L'enfant aime avoir un petit banc qui lui donne accès à l'évier de la salle de bains pour se brosser les dents ou prendre un verre d'eau, et au comptoir de la cuisine pour jouer à faire la vaisselle ou participer à la préparation du repas. Ce banc lui permet aussi d'allumer seul la lumière de sa chambre ou d'atteindre un vêtement dans son placard.

Le banc doit être assez léger pour être transporté par l'enfant, mais avoir une base assez large pour éviter qu'il se renverse quand celui-ci y grimpe, et une surface assez grande pour qu'il puisse y déposer ses deux pieds à plat. Recouvert d'un tapis antidérapant, il offre un gage supplémentaire de sécurité, empêchant l'enfant de glisser quand il y monte pieds nus.

La sécurité dans l'environnement de jeu

L'organisation physique de l'environnement de l'enfant doit lui permettre d'explorer librement l'espace et d'avoir accès à ses jouets quand il le désire. Il doit aussi offrir des garanties de sécurité. Il est prématuré d'éduquer l'enfant au danger quand il commence à peine à se déplacer par ses propres moyens; il n'a ni le jugement ni l'expérience nécessaires pour évaluer l'aspect dangereux des situations. Mieux vaut l'en soustraire.

Ameublement et accessoires
Lit du bébé

Dans les premiers mois, bébé passe de longues heures dans son lit. S'il s'agit d'un lit usagé, il faut vérifier la largeur des barreaux pour être certain qu'il ne peut y passer la tête. Pour ce faire, on essaie de faire passer une canette de boisson gazeuse ou de soda dans le sens de la hauteur à travers les barreaux. Si on y arrive, c'est que les barreaux du lit sont trop larges.

Les lits d'enfant fabriqués avant 1986 ne sont pas conformes aux normes actuelles. Ils sont considérés comme dangereux par Santé Canada. Les lits doivent avoir une étiquette qui indique leur année de fabrication. Sinon, outre la largeur des barreaux, assurez-vous que:

- le cadre du lit est solide;
- les côtés restent bien enclenchés lorsqu'ils sont montés;
- le matelas est bien ajusté aux quatre côtés du lit;
- le matelas n'est ni trop mou, ni trop usé.

Si on souhaite peinturer les meubles de la chambre du bébé, il faut choisir une peinture spécialement préparée pour recouvrir les articles pour enfants.

Fauteuil et baignoire

Il ne faut pas sous-estimer la vigueur du bébé. Il faut donc éviter de le déposer sur un fauteuil et s'en éloigner; quelques secondes suffisent pour qu'il roule sur lui-même et tombe par terre.

En outre, un enfant ne doit jamais être laissé sans surveillance dans la baignoire ; il peut se noyer dans une toute petite quantité d'eau, sans bruit et en quelques secondes. Partagez les plaisirs du bain de votre enfant et restez à ses côtés. Enseignez-lui à toujours rester assis dans la baignoire, car la porcelaine est assez dure pour qu'il se blesse en tombant.

Avant de déposer le jeune enfant dans la baignoire, vérifiez la température de l'eau avec votre coude. Savez-vous que la peau d'un enfant brûle quatre fois plus vite que la peau d'un adulte ? Une peau si sensible mérite quelques précautions supplémentaires.

Siège pour bébé

Quand il est assis dans son siège de bébé, sur le comptoir de la cuisine par exemple, l'enfant ne doit jamais être laissé sans surveillance. Le siège doit être solide et large pour empêcher l'enfant de basculer. Quand vous attachez les courroies de retenue qui empêchent l'enfant de glisser, assurez-vous qu'elles ne touchent pas son cou ; elles doivent se croiser sur sa poitrine.

Chaise haute

Une chaise haute doit avoir une base large pour assurer un équilibre maximal. Elle doit avoir un système de retenue entre les jambes pour ne pas que l'enfant glisse, de même qu'une ceinture abdominale : l'enfant doit toujours être attaché dans sa chaise. Il faut éviter de placer la chaise près du comptoir où mille trésors peuvent tenter l'enfant ou près des appareils électriques dont les fils attirent sa main comme un puissant aimant. Assurez-vous également que la chaise n'est pas près d'une surface dure comme une armoire ou un comptoir de cuisine ; l'enfant pourrait y prendre appui pour pousser avec ses pieds, entraînant un déséquilibre de la chaise et… sa chute.

Arrêtons-nous maintenant aux divers accessoires fréquemment utilisés avec les jeunes enfants.

Parc

Un parc est un lieu où l'enfant joue en toute sécurité et qui sert ainsi à dépanner le parent occupé. Toutefois, il faut se rendre compte que le moment où on a intérêt à y mettre l'enfant correspond à celui où, au contraire, il a besoin d'élargir son espace puisqu'il commence à se déplacer. Il faut donc faire une utilisation limitée du parc. Il peut cependant devenir un lit tout à fait approprié quand vous êtes en visite chez des amis.

Pour qu'un parc réponde aux normes de sécurité, il doit avoir des mailles en filet de type moustiquaire ; les côtés doivent être stables et solides, et les clenches, bien fermées. Pensez à enlever les jouets sur lesquels l'enfant pourrait grimper et ainsi basculer à l'extérieur. Enlevez également tout morceau de tissu de type foulard qui pourrait étrangler l'enfant.

Balançoire automatique

Cet accessoire, quoique coûteux, s'avère intéressant pour l'enfant ; en général, ce doux balancement lui plaît. Toutefois, bien qu'il offre une stimulation de mouvements, il favorise peu d'apprentissages sur le plan moteur. L'enfant apprend et développe davantage sa curiosité quand on le dépose sur un tapis et qu'on le laisse bouger. Par conséquent, mieux vaut limiter à quelques minutes à la fois l'usage de cette balançoire.

Sautoir

Dans ce genre de culotte suspendue à une structure à ressorts qu'on installe dans l'encadrement d'une porte, l'enfant sautille sur place. Quoique ce matériel familiarise l'enfant avec la station debout, il ne contribue en aucune façon à l'apprentissage de la marche. Il est suggéré de limiter son utilisation à dix minutes à la fois.

Centre d'activités stationnaire

Dans un centre d'activités stationnaire, l'enfant est assis, il peut se mettre debout, bondir, se balancer de côté et jouer avec les objets placés sur le plateau devant lui. Aucun déplacement n'est cependant possible. Un tel centre d'activités ne doit pas être placé près des escaliers, des portes, des tables à café, des lampes, du foyer ou autre appareil de chauffage : l'enfant peut alors tomber ou saisir des objets avec lesquels il risque de se blesser ou de se brûler. L'enfant qui est dans un de ces centres doit toujours être sous la surveillance d'un adulte, ce qui évite qu'il trébuche ou que le centre d'activités se renverse sur lui.

Sous la surveillance de l'adulte, ces divers accessoires ne présentent pas de danger pour la sécurité physique de l'enfant, mais vaut mieux en contrôler l'usage pour éviter les excès qui, eux, peuvent nuire à son développement.

Les modifications dans l'aménagement intérieur

Quand l'enfant commence à se déplacer, il faut être particulièrement vigilant et lui offrir un environnement sans danger. À quatre pattes, que voit-il ? Qu'est-ce qui se trouve à sa portée et que peut-il faire ? Ouvrir les armoires, insérer des objets dans les prises de courant, tirer sur le fil de la bouilloire ou du grille-pain ? Quand il commence à marcher, il a alors accès à des objets placés plus haut sur les tablettes ou dans la bibliothèque. En faisant le tour de la maison pour évaluer les risques potentiels, vous pouvez apporter les correctifs qui s'imposent.

Certains parents décident de ne rien modifier dans l'environnement et d'enseigner plutôt à leurs petits à respecter les interdits. À mon avis, il est préférable d'apporter quelques changements dans l'aménagement de la maison, en enlevant ce qui ne devrait pas devenir un jouet pour l'enfant, plutôt que de devoir constamment le surveiller ou lui dire « non ». L'enfant de moins de 2 ans ne reconnaît pas les dangers et ne peut donc pas les éviter : c'est à l'adulte d'y voir.

Enlever, déplacer, ranger

Les disques compacts ont avantage à se retrouver hors de sa portée. On doit également retirer une lampe sur le bord d'une table basse ou une nappe à laquelle l'enfant peut s'agripper.

Il vaut mieux remiser pour quelque temps les meubles instables ou sur roulettes ; sinon, l'enfant risque de s'y appuyer pour se mettre debout et... tomber. On éliminera également le petit tapis qui glisse sous les premiers pas de l'enfant.

Quand vous recevez des invités, soyez attentif à mettre hors de portée de l'enfant les plats de bonbons, de noix, de maïs soufflé et de croustilles : l'enfant peut s'étouffer avec ces aliments.

On doit également éviter de laisser des breuvages chauds ou alcoolisés sur une table à café.

Il faut veiller à ce qu'aucun objet susceptible d'être avalé par l'enfant ou de l'étouffer ne traîne par terre : pièces de monnaie, épingles, petits boutons...

Le jouet mobile suspendu au-dessus du lit de bébé ou du parc devrait être enlevé dès que l'enfant tente de se mettre à quatre pattes puisque alors il voudra s'en saisir. Un mobile à regarder est rarement fabriqué pour être manipulé par un enfant de 8-9 mois.

Produits de nettoyage

Il faut déplacer les produits de nettoyage qui sont rangés dans le bas des placards et les mettre hors de portée de l'enfant ou bloquer les placards avec des loquets de sécurité. Les empoisonnements liés à l'ingestion de produits dangereux sont malheureusement trop fréquents. Quand une armoire est aménagée pour que l'enfant puisse y jouer, il lui est plus facile d'accepter l'interdiction imposée sur les autres armoires qui, elles, sont munies de fermoirs. Dans son armoire, on offre à sa curiosité des boîtes, des tasses à mesurer, des bouteilles et des couvercles en matière plastique.

Outre les produits de nettoyage, l'enfant ne doit pas non plus avoir accès aux médicaments, pas plus qu'aux vitamines, aux shampooings, aux produits de beauté, aux parfums et aux vernis à ongles.

Toxicité des plantes

Il est prudent de vous informer dans les jardineries afin de savoir si vos plantes sont toxiques. Si elles le sont, mettez-les hors de portée de l'enfant. Même si elles ne sont pas toxiques, il est sage de les surélever ; on évite ainsi de les retrouver par terre ou délestées de leurs fleurs et de leurs feuilles.

Sachez que le gui et le houx sont toxiques. Durant les fêtes de fin d'année, accrochez ces branches assez haut pour que l'enfant ne puisse les atteindre.

Cordons de stores

Un jeune enfant risque de s'étrangler avec des cordons de stores. Roulez-les et accrochez-les hors de sa portée. Évitez de placer le lit, la chaise haute ou le parc près de ces cordons.

Cordons de vêtements

Sur les vêtements des enfants, il faut aussi éviter les cordons. Les cordons de manteau, de capuchon, d'habit de neige, de survêtement peuvent rester pris dans les équipements de jeu, les clôtures ou autres objets. Il faut donc opter pour des vêtements qui ferment au moyen d'élastiques, de boutons, de velcro ou de boutons-pression. On préférera le cache-col au foulard, qui peut se coincer. De même, les mitaines (moufles) fixées au manteau par des pinces sont préférables à celles reliées entre elles par une cordelette, qui peut s'emmêler et être la cause d'étouffement.

Pour les bébés, il faut être attentif à ne pas attacher leur sucette par une corde passée autour de leur cou ; mieux vaut la fixer sur leur vêtement avec une épingle de sûreté. Pour eux aussi, il vaut mieux éviter les vêtements comportant un cordon au niveau du cou, qu'il s'agisse d'un bonnet, d'un pyjama ou d'un capuchon.

Prises de courant

Les prises de courant doivent être recouvertes d'un protecteur pour éviter que l'enfant n'y insère de petits objets. On trouve dans toutes les quincailleries des capuchons de sécurité en plastique servant de cache-prise.

Fils d'appareils électriques

Il est important de prendre très tôt l'habitude de ne jamais laisser pendre un fil du comptoir de cuisine, que ce soit celui de la bouilloire, du grille-pain ou du fer à repasser. Également, tout manche de poêlon ou de casserole doit être tourné vers le mur pour le rendre inaccessible à l'enfant qui, autrement, peut facilement le tirer vers lui et en renverser le contenu.

Lors d'une sortie chez des amis ou dans la famille, une petite visite de la cuisine permet de vérifier la sécurité de la pièce pour l'enfant et d'apporter ces petits correctifs, s'il y a lieu.

Barrières pour les escaliers

Plusieurs parents limitent l'accès des escaliers à l'enfant à l'aide d'une barrière. C'est une sage précaution : ce sont les chutes qui amènent le plus souvent les enfants aux urgences des hôpitaux.

Au bas de l'escalier, Santé Canada recommande d'utiliser une barrière à ressort. Pourquoi ne pas l'installer à la deuxième ou troisième marche ? L'enfant a alors la possibilité de s'exercer à monter une marche ou deux sans grand risque, même s'il chute, surtout si on dépose une carpette au bas des marches. Il est préférable de fixer des barrières dans le mur, en haut des escaliers.

Aménagement extérieur

Quand le carré de sable n'est pas utilisé, il doit être recouvert pour éviter qu'il devienne une litière pour les chats du voisinage. La petite piscine pour enfant doit, pour sa part, être vidée si elle n'est pas utilisée. Si une barrière extérieure délimite le terrain, il faut s'assurer que l'enfant ne peut passer ni dessous, ni dessus.

Quant à l'équipement de jeux extérieurs (balançoires, glissoires…), il doit être solidement fixé au sol. Par ailleurs, que ce soit au parc du quartier ou dans sa cour, le jeune enfant qui joue sur des balançoires ou dans une glissoire doit être surveillé ; cette surveillance doit être accrue s'il y a plus d'un enfant. Une balançoire lâchée brusquement peut facilement blesser un autre enfant. Il est sage de couvrir les chaînes des balançoires avec du plastique afin que les doigts des enfants n'y restent pas pris. Se suivre de trop près dans une glissoire peut aussi être cause d'accident. De même, on précisera à l'enfant de glisser les pieds devant et non tête première. On doit donc enseigner à l'enfant diverses règles de sécurité.

En hiver, il faut éviter la construction de forts ou de tunnels, qui peuvent s'effondrer sur l'enfant et l'étouffer. De même, les jeux sur ou dans les bancs de neige doivent être interdits puisque le chauffeur de chasse-neige pourrait ne pas voir l'enfant.

Pour les glissades en luge, il est recommandé de choisir des pentes peu abruptes et dénuées d'arbres. Coiffé d'un casque de hockey ou de ski, l'enfant glissera à genoux ou assis : on évite la position couchée, qui accroît les risques de blessures à la tête, à la colonne vertébrale ou à l'abdomen.

Casque protecteur

Il est sage d'inculquer l'habitude du casque protecteur dès que l'enfant monte sur son tricycle. L'habitude étant prise, il lui sera plus facile de la conserver quand il circulera à bicyclette. Un casque protecteur est également nécessaire quand l'enfant chausse ses patins, qu'il s'agisse de patins à roues alignées ou à glace. Il lui faudra un certain temps pour maintenir son équilibre et, lors de ses premiers essais, il risque de tomber plus d'une fois, d'autant plus qu'il a du mal à tourner et à changer de direction rapidement. Il est important de donner très tôt l'habitude du port d'un casque protecteur car on sait que les blessures à vélo représentent 20,7 % de l'ensemble des blessures chez l'enfant de 6 à 11 ans.

Sac à dos

Très jeunes, nos enfants transportent divers objets dans leur sac à dos : un jouet, des vêtements de rechange pour le service de garde, la serviette et le maillot de bain pour le cours de natation... L'enfant doit porter son sac à dos avec les deux courroies, évitant de déséquilibrer un côté du corps.

Il faut aussi limiter le poids du sac afin de protéger le dos de l'enfant. Selon l'Académie américaine de chirurgie orthopédique, le sac ne doit pas peser plus de 20 % du poids de l'enfant, alors que l'Association internationale de chiropratique pédiatrique recommande de ne pas dépasser 10 %. Une moyenne de 15 % apparaît donc acceptable : si un enfant pèse 20 kilos, son sac à dos ne doit pas peser plus de 3 kilos. On doit retenir cette précaution quand il ira à l'école et qu'il transportera ses livres. Il est sage de se préoccuper du dos de l'enfant dès ses premières années de vie.

Ces diverses suggestions visent à assurer la sécurité de l'enfant dans son quotidien et à faire en sorte que son jeu soit source de plaisir et non de blessures.

Et la sécurité des parents ?

Le parent risque-t-il de se blesser quand il joue avec son enfant ? Oui, s'il ne sait pas utiliser adéquatement son corps.

Il existe certaines règles de mécanique corporelle qu'il est important de respecter, au jeu comme ailleurs.

Pour soulever des poids, il faut utiliser les muscles les plus forts. Les muscles des cuisses sont plus forts que ceux du dos. Alors, si vous soulevez votre enfant, soit à partir du sol, soit à partir de la baignoire, pliez les genoux pour faire entrer en action les muscles de vos cuisses. Pour transporter votre enfant, appuyez-le sur votre hanche qui absorbera le plus gros de son poids au lieu de solliciter exclusivement vos bras et votre dos.

Si vous portez un sac à dos, lors d'une excursion familiale par exemple, vous devez aussi respecter la règle du 15 % de votre poids corporel.

Alors, tant votre enfant que vous-même pourrez jouer en toute sécurité et dans le confort.

CHAPITRE 11

LE JEU AU SERVICE DES PARENTS

▼

Dans le monde du jeu, le fardeau du quotidien semble plus léger.

Betty Man

La plus perdue de toutes les journées est celle où on n'a pas ri.

Chamfort

Merveilleux outil d'apprentissage pour l'enfant, le jeu s'avère aussi une aide précieuse pour faciliter le quotidien des parents et rendre la vie familiale plus agréable. Il peut avoir un effet similaire pour les éducateurs qui reçoivent l'enfant en service de garde.

Les journées des parents avec leurs enfants peuvent ressembler à une longue succession de tâches à accomplir (repas, rangement, bains), et les moments passés en famille, à des corvées. Il est pourtant possible d'avoir du plaisir en famille et le jeu peut devenir un allié inestimable pour y parvenir. Nombre d'activités ennuyeuses, de responsabilités, de moments d'attente obligatoire peuvent être agrémentés, tant pour l'enfant que pour ses parents, si on les aborde de façon ludique.

Intégrer le jeu dans les tâches quotidiennes

Lorsque vous devez accomplir une tâche, vous ne pouvez, bien sûr, accorder toute votre attention à l'enfant. Or, c'est souvent le moment qu'il choisira pour la réclamer. Lui répondre d'attendre n'a pas toujours l'effet escompté. Vous pouvez alors satisfaire son besoin d'attention sans pour autant cesser l'activité en cours, soit en le faisant participer, soit en créant une situation de jeu. Si vous impliquez l'enfant dans les activités quotidiennes, il sera fier de la confiance que vous lui manifestez et cela aura un impact sur son estime de lui-même. Si vous créez une situation de jeu, vous lui offrez un beau moment avec vous.

Votre jeune assistant

L'enfant peut devenir votre assistant dans différentes tâches ; il peut arroser les plantes de la maison, ramasser avec vous les légumes du potager ou nourrir l'animal de la famille.

De la même façon, lorsque vous faites la cuisine, vous pouvez lui demander de découper à l'emporte-pièce des biscuits dans la pâte, de mélanger les ingrédients secs d'une recette, de laver les légumes avec une petite brosse, de déchirer les feuilles de laitue pour aider à la préparation de la salade.

Pendant que vous faites le repassage des vêtements, si votre enfant vous demande de jouer avec lui, proposez-lui de vous donner au fur et à mesure les vêtements à repasser ou d'aller porter certains morceaux dans les chambres. Ainsi, vous répondez à sa demande d'attention tout en poursuivant votre travail. Et n'oubliez pas de le remercier pour son aide précieuse !

En intégrant l'enfant dans vos tâches, non seulement se sent-il grand puisque vous lui confiez des responsabilités, mais il est aussi moins agité, étant engagé dans une activité importante. De plus, quand cette activité lui est proposée comme un jeu, elle est plus agréable, tant pour vous que pour lui.

La pêche aux vêtements

Le pliage du linge qui sort de la sécheuse peut aussi devenir une activité agréable à partager avec l'enfant. Tous les vêtements sont là, mais ils sont mêlés. L'enfant peut-il distinguer ce qui appartient à papa, à maman, à sa sœur ou à lui-même ? Cette belle jupe est-elle à papa ? Et cette toute petite camisole est-elle à lui ? Ce peut être l'occasion d'un peu d'humour et d'un fou rire partagé, en même temps qu'un moment de choix pour que l'enfant intègre la notion de propriété.

On peut aussi aller à la pêche dans tous ces vêtements ; l'enfant peut-il retrouver les chaussettes de la même couleur ou les serviettes de la même grandeur ? Saura-t-il plier les petites serviettes et retourner les chaussettes qui sont à l'envers ?

Ces diverses activités proposées à l'enfant lui témoignent votre confiance en ses capacités et vous permettent de poursuivre l'activité en cours sans que l'enfant se sente délaissé.

Un spectateur aux premières loges

L'enfant trop jeune pour participer aux tâches domestiques peut toutefois les partager de façon passive. Vous pouvez inclure bébé dans votre travail quotidien en lui disant par exemple : « Allons voir si le courrier est arrivé ; allons chercher le linge dans le sèche-linge ; allons voir pourquoi le chien aboie. »

Le jeune enfant suivra aussi vos moindres faits et gestes avec intérêt si vous lui expliquez ce que vous faites, si vous l'invitez à regarder, à toucher ou à sentir. « Regarde la pomme de terre : tu vois, elle est brune. Je vais la peler. Regarde, elle est devenue blanche et elle est mouillée : touche. » En lui parlant ainsi, vous captez son attention, vous favorisez sa compréhension et vous lui apprenez mille et une choses.

La table en fête

Demander à l'enfant de mettre la table est une marque de confiance puisque vous lui laissez manipuler assiettes et couverts. Grâce à des couverts en plastique, les mains les plus maladroites dresseront la table sans conséquence fâcheuse en cas d'accident.

Plus tard, cette activité pourra devenir une manifestation d'originalité si vous laissez l'enfant choisir la nappe ou les napperons, de même que les éléments de décoration. Vous vous retrouverez peut-être, un soir, avec son ourson comme centre de table.

Vive les repas !

Le moindre repas peut se révéler une véritable fête. On peut identifier les plats de façon amusante. Les pommes de terre en purée sont plus attrayantes quand on les appelle des « pommes de terre en neige » ; des tartelettes deviennent des « tartes pour lilliputiens»; et une recette de boulettes de bœuf haché mélangé à du riz, des «porcs-épics». Les brocolis se présentent comme de charmants petits arbres à manger. Lors d'un repas rapide, on fait griller une tranche de pain et on fait cuire un œuf sur le plat : pour servir, on couche l'œuf sur le pain et ça devient un «œuf paresseux».

Une collègue de travail me disait que chez elle, la soupe *won ton* s'appelle la «soupe aux Kleenex»; n'avez-vous jamais remarqué à quel point ces pâtes ressemblent à des mouchoirs de papier roulés en boules? Cette appellation fait la joie de ses enfants et ceux-ci s'amusent à en informer les amis qui viennent manger chez eux.

On peut être original dans l'appellation du plat, mais aussi dans sa présentation. Ainsi, le brocoli devient les cheveux, les tranches de concombre, les yeux, un quartier de tomate, le sourire, et les saucisses, la bouche... d'un clown improvisé! L'enfant ne mange pas du brocoli, mais bien... les cheveux du clown. Un dessert fort simple devient un festin quand la banane, fendue sur le long, représente la tige de cette magnifique fleur faite de quartiers d'orange. Apporter une telle touche d'innovation aux repas demande plus d'imagination que de temps.

On peut aussi inviter l'enfant à faire preuve d'imagination; par exemple, pour placer les crudités dans le plat de service, il pourra reproduire un soleil en déposant les bouquets de choux-fleurs au centre et les carottes, devenant alors les rayons, tout autour.

La cuisine, quel laboratoire!

La cuisine est un laboratoire extraordinaire : d'abord, un laboratoire de mots. En effet, c'est le lieu idéal pour découvrir le nom des aliments (légumes, fruits, viandes) et des ustensiles pour les préparer (cuillère, couteaux, fourchettes, fouets), les mots décrivant les caractéristiques des aliments (chaud/froid) et leurs saveurs (sucré/sur/épicé). Un laboratoire de gestes, aussi, puisqu'on y apprend à mélanger les ingrédients secs avec la cuillère ou le fouet, à remplir une tasse à mesurer et à verser. Et même un laboratoire de mathématiques! Cette recette requiert un oignon, deux carottes, trois brins de persil, une tasse de bouillon; l'enfant sait-il reconnaître tous ces nombres?

N'est-ce pas aussi le lieu tout désigné pour de formidables expériences de chimie ? Au début, l'enfant observe qu'en mélangeant divers ingrédients, maman fait un succulent gâteau. Puis, il saura utiliser lui-même cette poudre magique qui, mêlée à l'eau, devient cette belle gélatine colorée, ou préparer une compote de pommes qui régalera toute la famille au dessert.

Les appareils qu'on trouve dans la cuisine s'avèrent aussi des sources de nouvelles connaissances pour l'enfant. Ainsi, il apprend que le réfrigérateur conserve les aliments froids et même que, dans un de ses compartiments, il peut les geler : un petit cube rempli d'eau devient en quelques heures un glaçon. Le réfrigérateur refroidit donc les aliments et peut changer l'état de certaines substances. De son côté, la cuisinière fait l'inverse : elle réchauffe les aliments qui deviennent brûlants et qui changent alors de couleur et de texture.

La cuisine est également un lieu qui sert à apprendre certaines règles de prudence : ne pas toucher à la porte du four, aux éléments de la cuisinière qui chauffent, à l'eau qui bout ou à l'eau très chaude qui coule du robinet.

La chasse aux trésors à l'épicerie

Faire les courses à l'épicerie peut se transformer en chasse aux trésors si on précise à l'enfant ce dont on a besoin au début de chaque rangée et qu'on lui demande de trouver un article précis. Si l'enfant est jeune et est installé dans le chariot, on peut l'inviter à pointer, dès qu'il le voit sur la tablette, l'article qu'on cherche.

Déplacement en poussette

Lors d'un déplacement, si l'enfant veut quitter sa poussette et marcher alors que vous êtes pressé, vous pouvez le distraire en disant : « Voyons s'il y a un chat au coin de cette rue ; il y en a un ? Oui ? », ou en attirant son attention sur un détail (« Vois-tu ce bel oiseau ? ») ou alors en lui faisant porter un de vos achats. Dans un tel contexte, distraire l'enfant risque d'être plus efficace que de tenter de le convaincre avec vos arguments d'adulte de rester bien sagement dans sa poussette.

Les balades en auto

Les déplacements en auto, surtout pour une longue période, sont souvent pénibles et épuisants pour de jeunes enfants et, en conséquence, provoquent une hausse de la tension parentale. Voici quelques trucs qui peuvent rendre ces moments plus agréables ou, à tout le moins, plus faciles.

Prenez l'habitude de chanter en voiture. Au début, les enfants ne peuvent qu'écouter, mais ils sont contents d'entendre papa et maman prendre plaisir à donner un tel concert. Très rapidement, ils apprennent les chansons et vous accompagnent dans cette chorale familiale, qu'il s'agisse de chansons de folklore, de chansons de votre jeunesse ou même de chants classiques.

Raconter des histoires pendant le trajet est un autre moyen souvent efficace. Ce peut même être une histoire collective où chacun dit une phrase ; une telle histoire aura à coup sûr des dénouements inattendus qui raviront les enfants.

De nombreux jeux d'observation sont aussi possibles : l'enfant indique quand il voit une auto rouge, une vache ou un camion ; il nomme tout ce qui est jaune comme le soleil ou fait deviner les animaux qu'il découvre dans les champs en imitant leurs cris.

Avec un enfant de 3 ans et plus, on peut proposer le jeu de masculin/féminin :

Si on dit : *papa*, l'enfant doit répondre : *maman*. D'autres exemples ? frère/soeur, garçon/fille, grand-papa/grand-maman, boeuf/vache, chat/chatte.

On peut aussi jouer aux indices quand les enfants ont 4 ans et plus. Ce jeu fait appel à la connaissance et à la capacité de déduction de l'enfant. Le premier joueur précise d'abord s'il s'agit d'un animal, d'un jouet, d'un personnage ou d'une personne réelle. Puis il doit donner trois indices pour que le partenaire trouve de qui ou de quoi il s'agit. Par exemple : « C'est un animal qui a du poil et quatre pattes et il fait miaou ! » L'enfant doit trouver le mot « chat ». C'est alors à lui de trouver des indices à donner aux autres personnes, qui doivent deviner à leur tour. Ce jeu peut aussi occuper l'enfant de façon agréable quand il se retrouve dans une salle d'attente.

Longue, longue, l'attente !

Pendant la période préscolaire, enfants et parents ont de nombreuses occasions de se retrouver dans une salle d'attente : chez le médecin, chez le dentiste, à la clinique de vaccination. L'attente devient souvent un moment très désagréable quand elle se prolonge. On peut ici aussi utiliser quelques-uns des jeux mentionnés pour les balades en auto. On peut aussi utiliser les magazines disponibles pour inciter l'enfant à porter attention aux photos, aux illustrations : « Montre-moi l'auto ! Vois-tu quelque chose de rouge dans cette page ? Quel bruit fait cet animal ? »

On peut aussi inviter l'enfant à observer la pièce où on se trouve en lui demandant, par exemple, « Vois-tu quelque chose de rond ? Y a-t-il des objets à quatre pattes (chaises) ? Combien y a-t-il de dames dans la pièce ? » Des dessins faits avec votre doigt dans son dos par-dessus son vêtement peuvent aussi l'amuser. Il doit alors tenter de les identifier à partir de ce qu'il sent : « C'est un soleil ? Une maison ? Un arbre ? » Peut-être voudra-t-il essayer d'en faire aussi dans votre dos et ce sera à votre tour de deviner.

Apporter de la maison un petit jouet ou un livre d'histoire, ou permettre à l'enfant que son ourson préféré l'accompagne, voilà d'autres tactiques qui aident à tromper l'attente.

* * *

Aucune des suggestions précédentes n'est magique en soi ni ne comporte de garantie de succès. Adaptées à votre enfant et à une situation précise, elles peuvent néanmoins rendre vos tâches de tous les jours plus agréables. Peut-être même qu'à l'occasion, vos journées prendront des couleurs de fête.

Faites-vous confiance pour trouver mille autres trucs qui faciliteront votre quotidien. Et pourquoi ne pas partager ces trucs avec des amis qui, eux aussi, doivent en avoir de fort efficaces ?

Le jeu pour motiver l'enfant dans ses tâches répétitives

Il y a aussi des activités que l'enfant lui-même doit faire tous les jours et qu'il trouve parfois ennuyeuses. Les aborder comme un jeu et y inclure un peu d'imagination encourage l'enfant à effectuer ces tâches.

Le rangement, un jeu d'enfant

Ranger ses jouets est rarement l'activité préférée de l'enfant. Pour la rendre plus agréable, on peut alors lui suggérer : « Et si tu expliquais à ton ourson (ou à ton ami imaginaire) où vont tes jouets ? Lui ne le sait pas. » Alors le rangement devient un jeu et un moment de communication privilégié avec son ourson ou son ami invisible.

Avant l'âge de 3 ans, la notion de rangement est difficilement compréhensible pour l'enfant. Il peut toutefois trouver amusant de faire dormir ses jouets, déposant à une place précise deux ou trois de ses objets préférés. On peut aussi l'inviter à participer à une corvée de rangement comme son grand frère ou sa grande sœur, argument qui peut davantage le motiver... pour quelques minutes.

À compter de 4 ans, il peut trouver amusant de ranger ses jouets par catégories, (les peluches, les camions, les poupées). Il pourra même développer une façon personnelle de faire : les poupées-garçons ensemble/les poupées-filles ensemble, les poupées blondes/les autres, les gros camions/les petits camions, les autos et camions rouges/les autos et camions bleus.

Le rangement ne concerne pas que les jouets. Apprendre à ranger, c'est comprendre que chaque chose a une place. Mettre son manteau sur la patère en entrant en est un exemple et, de la sorte, le lendemain il n'aura pas à chercher pour le trouver.

Quand il commence à faire des projets, disant par exemple, « En arrivant à la maison, je construirai une maison avec mes blocs. », il est prêt à expérimenter qu'il est utile d'attribuer une place fixe à certains objets pour les retrouver aisément.

Le bain amusant ou la douche comme un grand

Prendre son bain est plus agréable pour l'enfant récalcitrant, et par conséquent pour ses parents, si de gentils poissons viennent lui chatouiller les orteils ou si un bateau lui apporte le savon.

Le bain est un moment qu'il est facile de rendre agréable et, en général, l'enfant apprécie cette activité si on lui permet de jouer. On s'amuse à faire disparaître des parties du corps sous la mousse, puis à les faire réapparaître, à remplir et à verser sur elles un contenant d'eau. On peut aussi, à l'aide de craies *magiques*, faire sur son corps des dessins qui disparaîtront à l'eau.

Prendre une douche, c'est une activité de grand. Le faire avec papa ou maman est plus agréable. Le jeune garçon de 3 ou 4 ans aura plaisir à se raser en même temps que papa, à la fin de la douche, utilisant soit un rasoir démuni de lames, soit un simple bâton devenu momentanément rasoir. Laver ses cheveux sous la douche sera aussi agréable pour la fillette, et encore plus si elle partage cette activité avec sa mère et que toutes deux en profitent pour rire un bon coup.

La magie du lavage de mains

Le lavage des mains, c'est vraiment de la magie : en effet, le savon a des pouvoirs spéciaux qui font disparaître la saleté. Proposer cette activité au jeune enfant comme un tour de magie sera plus intéressant pour lui que si on fait appel à des notions d'hygiène qu'il risque de ne pas comprendre. Avant les repas, on peut en toute complicité lui demander s'il a fait sa magie et de nous montrer si son tour a bien réussi.

Se coucher, un moment agréable

Certains enfants sont réticents à se coucher. Instaurer un rituel facilite les choses. Ainsi, quelques minutes avant l'heure du coucher, l'enfant peut se brosser les dents, boire de l'eau, aller aux toilettes, le tout suivi d'une histoire dans le lit racontée par papa ou maman, ou les deux. D'autres activités peuvent faire partie du rituel : on fait des ombres chinoises avec les mains et on les projette au plafond à la lueur de la veilleuse, ou encore on lui fait des massages dans le dos. Des activités aussi calmes prédisposent au sommeil.

Le jeu en famille, pour une atmosphère familiale détendue

Faire du jeu son allié quotidien, c'est donner au plaisir une place dans sa vie et dans celle de sa famille ; cela contribue à réduire les moments de tension.

Activités familiales

Organiser des activités familiales agréables pour tous crée des moments magiques qui laisseront un souvenir impérissable. Rappelez-vous les bons moments de votre enfance. Il y a de fortes chances qu'ils soient liés à des activités toutes simples, mais qui étaient appréciées par tous les membres de la famille. Se donner du temps ensemble, et surtout se donner du bon temps, c'est le cadeau le plus extraordinaire que l'on puisse se faire en tant que famille.

On peut faire des pique-niques, ramasser les feuilles en automne, décorer la maison pour les fêtes, aller cueillir des fraises dans les champs ou des pommes dans un verger, visiter un zoo ou un jardin botanique, assister à un spectacle en plein air, visiter une exposition.

Préparer la nourriture pour les oiseaux, observer ces derniers dans les mangeoires, suivre le périple des fourmis lors d'un pique-nique ou semer des légumes dans le potager, autant d'exemples de bons moments à partager avec vos enfants qui, en plus, leur font comprendre la nature.

Vous pouvez aussi inviter vos enfants à faire des exercices avec vous, à participer par exemple au réchauffement que vous faites avant un entraînement. En plus de favoriser une activité qu'ils seront heureux de partager avec vous, cela contribuera à faire travailler tous les muscles de leur corps.

Quand on souhaite faire avec des enfants de moins de 6 ans une activité familiale qui prend un certain temps, il faut toutefois accepter que tout ne se passe pas sans accroc. Ainsi, si vous décidez de décorer le sapin de Noël en famille, même si vous avez pensé à sortir toutes les boîtes de décorations à l'avance, à mettre une belle musique d'ambiance et que vous êtes dans les meilleures dispositions pour cette activité, il est possible qu'au bout de quelque temps, les enfants s'en désintéressent et même qu'ils se disputent ; vous vous retrouvez seul pour finir la décoration alors que vos enfants rêvaient pourtant de faire l'arbre de Noël depuis plusieurs jours.

Nous avons vu précédemment que le jeune enfant a une capacité d'attente réduite ; en général, la patience n'est pas sa première qualité. Si ça prend trop de temps, c'est moins intéressant. Il est aussi possible qu'il ne reconnaisse pas son incapacité à poser l'étoile au sommet de l'arbre, par exemple. Est-ce à dire qu'il faut renoncer à de telles activités? Certainement pas. Prendre conscience des risques évite de dramatiser la situation, le cas échéant. Préciser à l'avance la participation attendue de chacun facilite aussi l'activité: «Tu me donnes les boules une à une, et toi, tu me dis où les mettre. Veux-tu te charger de placer les décorations dans le bas de l'arbre?» Surtout, il faut tenter de maintenir une atmosphère familiale agréable, en dépit des petits imprévus qui surviennent.

Le sens de la fête

Transmettre le sens de la fête à nos enfants, quel bel héritage à leur laisser! Leur faire découvrir le plaisir de préparer un anniversaire, d'organiser une surprise, de décorer la maison, de soigner la présentation de la table! Leur apprendre le bonheur des petites attentions pour souligner des moments particuliers, des délicatesses pour faire plaisir, c'est leur donner le sens de la fête du cœur. Fêter de cette façon est davantage en lien avec la créativité qu'avec l'argent et la consommation.

L'enfant découvre alors le plaisir de penser à l'autre, de s'intéresser à ceux qu'il aime, de se préoccuper de petits détails qui leur plairont. Ainsi peut-être pourrait-il aider à préparer le plat favori de son frère ou de sa sœur dont c'est l'anniversaire, ou décorer son gâteau à l'aide de guimauves, de jujubes ou autres friandises?

Pourquoi ne pas créer vos propres traditions familiales?

Les fêtes de Noël, de Pâques, de la Saint-Valentin sont des fêtes où il y a déjà des traditions sociales. Chaque famille peut y ajouter ses rituels.

Peut-être y a-t-il une recette familiale spéciale pour souligner Noël que les enfants auront plaisir à faire avec vous? Vous pourriez décider que dorénavant les guirlandes décorant la maison pour les fêtes sont faites de maïs soufflé enfilé sur une corde et confectionnées par les enfants eux-mêmes.

Sur la table, à Pâques, on pourrait retrouver des œufs peints à la main.

La Saint-Valentin, grande fête de l'amour, peut devenir la journée en rouge; non seulement doit-on porter un vêtement ou un accessoire rouge, mais le menu doit être choisi en conséquence: quartiers de pomme rouge, confiture de fraises au petit déjeuner, jambon, salade de tomates avec une vinaigrette à laquelle on ajoute un peu de... jus de betterave et mousse aux fraises pour le dîner. Les décorations rouges sont aussi à l'honneur: des cœurs en carton déposés sur la table, des bougies rouges.

On peut instaurer des rituels pour les anniversaires de naissance. Je connais une famille qui offre à la personne fêtée de décorer elle-même son gâteau avec des pastilles de chocolat (*Smarties*); j'ai été témoin de l'intérêt de cette tradition familiale même chez l'adolescente de 13 ans qui prenait plaisir à déposer comme bon lui semblait une quantité étonnante de ces pastilles.

Vous pouvez aussi instaurer la tradition de la course au trésor pour trouver les cadeaux d'anniversaire. Divers indices doivent être déchiffrés pour découvrir où sont cachés les cadeaux. La recherche pour les trouver devient alors presque aussi agréable que leur contenu.

Pourquoi ne pas profiter de chaque occasion possible pour fêter: première neige, première fois que l'enfant fait une selle dans le pot, qu'il lace seul ses souliers, premier jour des vacances? Fêter ensemble pour souligner un événement agréable et avoir du plaisir contribue à lier entre eux les membres d'une famille.

Une éducation incluant le plaisir est-elle moins efficace?

Une éducation utilisant le jeu au quotidien ne risque-t-elle pas d'être moins efficace? Comme le jeu signifie plaisir, rechercher le plaisir de l'enfant dans certaines corvées implique-t-il du laisser-aller ou une diminution de l'autorité parentale? Cela ne risque-t-il pas d'entraîner un manque de discipline chez l'enfant ou un manque d'effort de sa part?

Ma réponse à ces questions est non. À mon avis, l'humour et le jeu sont des moyens d'éducation beaucoup plus efficaces avec un enfant de moins de 6 ans que la confrontation ou des règles rigides. Plutôt que d'élever la voix pour sommer l'enfant d'aller faire immédiatement et sans discuter le ménage de sa chambre, l'humour peut s'avérer plus utile. Dire à l'enfant «Mon Dieu, viens voir : il y a eu une tornade dans ta chambre. C'est affreux ! Regarde ! Le vent a déplacé tous tes jouets» risque de le faire sourire et de l'inciter à entrer dans le jeu en réparant les dégâts causés par le vent.

Bien sûr, il ne s'agit pas ici de prétendre que tout devrait devenir un jeu, pas plus que de prôner le règne de l'enfant-roi pour qui la vie doit être un rire perpétuel et à qui il faut éviter toute contrariété. Les limites et les frustrations font aussi partie de la vraie vie, et l'enfant a besoin de faire face à des difficultés pour grandir.

Toutefois, on ne peut douter que le jeu mobilise l'énergie de l'enfant et génère une motivation fantastique pour apprendre. Par ailleurs, une attitude de jeu désamorce nombre de situations difficiles ou tendues dans la famille et aide le parent à demeurer plus calme.

Ainsi, le jeu et son indissociable partenaire, l'attitude de jeu, peuvent contribuer à une vie familiale plus agréable, à une meilleure qualité de vie dans la famille.

Chapitre 12

Le jeu pour la vie

▼

> *L'enfant qui ne joue pas n'est pas un enfant,*
> *mais l'homme qui ne joue pas a perdu à jamais*
> *l'enfant qui vivait en lui et qui lui manquera beaucoup.*

Pablo Neruda

> *Nous croyons que les contes et les jeux appartiennent à*
> *l'enfance, myopes que nous sommes! Comment*
> *pourrions-nous vivre, à n'importe quel âge de la vie,*
> *sans contes et sans jeux! Il est vrai que nous donnons*
> *d'autres noms à tout cela et que nous l'envisageons*
> *autrement, mais c'est précisément une preuve que c'est*
> *la même chose! – car l'enfant, lui aussi, considère son*
> *jeu comme un travail et le conte comme la vérité.*

F. Nietzsche

Le jeu n'est-il utile que durant l'enfance? Est-il encore nécessaire à l'enfant d'âge scolaire? Comment se transforme-t-il à l'adolescence? A-t-il encore sa place à l'âge adulte?

L'enfant d'âge scolaire

À l'entrée à l'école primaire, les choses sérieuses commencent; l'enfant doit apprendre à lire, à écrire, à fournir un travail soutenu pour obtenir le résultat attendu. L'école organise systématiquement tant ces apprentissages que l'horaire de l'enfant. Dans ses contacts avec les autres, il doit appliquer ce qu'il appris à l'âge préscolaire: le respect, le contrôle de soi, le goût du défi, le partage, la coopération.

L'enfant d'âge scolaire a besoin d'un équilibre dans ses activités, comme ce sera le cas tout au long de sa vie. Son horaire doit inclure des activités physiques, intellectuelles et sociales, des activités sérieuses et des activités de jeu, des activités scolaires organisées et des activités libres qu'il peut utiliser à sa convenance. Un tel équilibre est nécessaire pour sa croissance et son bien-être et pour continuer à développer tant son corps que son esprit.

Toutefois, son besoin de bouger, de se dépenser physiquement n'est pas toujours comblé. Les cours d'éducation physique sont moins présents qu'avant dans le cursus scolaire, et les jeux moteurs dans les cours de récréation (parties de ballon chasseur, courses ou autres) sont parfois défendus. Socialement, on tolère peu les activités physiques énergiques, si ce n'est dans des équipes sportives organisées. Les garçons ont de tout temps eu besoin de sortir leur trop-plein d'énergie, particulièrement à l'âge scolaire : l'activité physique aide l'enfant, et surtout le garçon, à mieux se concentrer par la suite, éliminant la fébrilité suscitée par des heures passées sagement assis en classe ou... devant l'écran de l'ordinateur.

La tendance au surplus de poids et à l'obésité tend à militer aussi en faveur d'activités physiques régulières. À titre d'exemple, de 1986 à 1996[1], le surplus de poids chez les garçons canadiens de 7 à 13 ans est passé de 11 à 33 %, et il a doublé chez les filles (passant de 13 % à 27 %). Quant à l'obésité, 2 % des garçons étaient considérés obèses en 1986 alors que dix ans plus tard, ce chiffre était monté à 10 % ; la situation est similaire du côté des filles, le pourcentage passant de 1 % à 9 % pour la même période.

Dans leurs horaires scolaires, dans l'organisation actuelle de leurs journées, les enfants sont appelés à se contrôler en tout temps, à être sages, à bien écouter et à maintenir une concentration optimale. On pourrait en venir à penser que l'école d'aujourd'hui est davantage conçue pour les filles que pour les garçons. De fait, la majorité des filles s'y adaptent bien et y réussissent ; les difficultés sont plus nombreuses chez les garçons (troubles de comportement, hyperactivité, déficit de l'attention).

---

1. M.S. TREMBLAY, P. KATZMRRYK et J.D. Tet WILLONS. «Temporal trends in overweight and obesity in Canada». *International Journal of Obesity 2002* 26 : 538-543.

Peut-être devrions-nous revoir notre pédagogie pour la rendre compatible avec la psychologie des enfants tout en étant efficace. Des exemples ? Quand un enfant dérange la classe et qu'il a du mal à être attentif, lui demander de faire dix tractions sur les bras risque d'être plus efficace que de lui dire qu'il demeurera dans la classe pendant la récréation ; de fait, cet enfant a besoin de bouger afin d'être, par la suite, en mesure de se concentrer. De même pour des enfants qui sont excités et perturbent une activité de groupe, il est plus avisé d'organiser un espace où ils devront faire de la course sur place, pendant 3 minutes, en levant les genoux très haut que de les faire asseoir en retrait. À la maison, faire 10 minutes de basket-ball avant de commencer les devoirs peut aussi aider à éveiller l'enfant et à augmenter sa concentration.

Caractéristiques de son jeu

Compte tenu de l'évolution de ses diverses habiletés, le jeu de l'enfant d'âge scolaire change, de même que ses intérêts.

De fait, il s'intéresse dorénavant au monde concret qui l'entoure et il aime apprendre les règles qui le régissent. À preuve, il est fasciné par une visite à la caserne des pompiers ou à une station de télévision. Il adore voir l'endroit de travail de papa ou de maman. En un mot, il aime découvrir le fonctionnement de la société dans laquelle il vit.

Au début de l'âge scolaire, le jeu coopératif se raffine et les enfants peuvent unir leurs efforts vers un but commun, par exemple pour tirer à la *souque* ou pour faire une murale collective sur laquelle chacun dessine un élément. C'est l'apprentissage du véritable travail d'équipe. Par son contact avec les autres, et compte tenu de son intérêt pour le monde concret qui l'entoure, l'enfant développe un sentiment de compétence dans ses relations avec les gens et dans les tâches qu'il accomplit, et ce, dans une variété d'environnements : dans les camps de jour, à la piscine, au parc, à l'école. Graduellement, l'enfant sera attiré par des activités organisées, scouts, clubs de gymnastique ou autres.

Au jeu coopératif s'ajoute le jeu de compétition où le vaincu d'un jour devient le vainqueur du lendemain. Ces jeux sont l'occasion pour l'enfant de comparer ses compétences à celles des autres. Il prend conscience de ses habiletés et de ses forces particulières. Quelle fierté de remporter la victoire avec son équipe lors d'une joute sportive! Avec le temps, il apprend à perdre (avec grâce) et à gagner (avec une certaine humilité). À cet âge, la pratique de sports d'équipe rejoint son intérêt à la fois pour les jeux de règles, les jeux de compétition et le jeu partagé avec des partenaires, en plus de répondre à son besoin de se dépenser physiquement. Le sport peut permettre à certains qui éprouvent des difficultés scolaires de vivre des expériences de réussite; pour d'autres, ce sera l'occasion de canaliser leur énergie débordante. Bien sûr, le sport peut aussi devenir un calvaire pour l'enfant quand il se voit investi de la mission d'y réaliser les ambitions de ses parents. Alors le plaisir est évacué et la pratique sportive devient carrément une corvée pour l'enfant.

Les enfants de 8-9 ans trouvent en général un grand plaisir aux jeux de société et aux activités sportives; les enfants de 6-7 ans aussi… surtout s'ils gagnent.

L'intérêt de l'enfant pour le monde concret qui l'entoure et les règles qui le régissent se manifeste dans des jeux réalistes qui reproduisent une situation courante. Il aura plaisir à partager avec ses amis ou ses parents des jeux de société tels que «Jour de paie», devenant, le temps du jeu, un travailleur qui doit gérer son budget, «Stratego», où il sera un militaire chevronné qui sait gagner les batailles, «Monopoly», jouant le rôle d'un riche propriétaire ou d'un agent immobilier. Les règles précises requises dans ces jeux ajoutent au plaisir de l'enfant. En effet, à cet âge, il apprécie de plus en plus les jeux qui sont régis par des consignes précises que tous doivent suivre; dans ce sens, jouer aux échecs ou aux cartes l'intéressera aussi. Cet intérêt pour les jeux de règles se manifeste même quand il joue à la cachette avec des amis. Avant de commencer, les enfants établiront eux-mêmes des consignes précises: on compte jusqu'à 20, on peut se cacher jusqu'à telle limite, tel endroit est interdit, celui qui est trouvé le premier doit compter au tour suivant. Gare à celui qui déroge de ces règles établies; il pourra se trouver exclu du groupe.

Bon nombre de jeux de société, qui ne reposent pas que sur la chance, requièrent stratégie, logique, jugement, anticipation. L'enfant doit prévoir les conséquences de son action, anticiper la riposte possible de son adversaire et tenter de comprendre sa logique. En y jouant, l'enfant met à profit ses nouvelles habiletés cognitives.

Comme l'enfant s'intéresse de plus en plus au résultat du jeu, il peut déployer un effort pendant plus longtemps qu'auparavant pour obtenir le résultat souhaité, que ce soit pour réaliser un dessin, une construction, monter un spectacle ou jouer aux échecs. Compte tenu de sa plus grande dextérité, il aime aussi produire des objets de ses mains : bricolages plus complexes qu'avant, cabane d'oiseaux simple avec l'aide de papa, bijoux faits en cure-pipe, décorés de pierres et autres matériaux, cartes de vœux personnalisées.

À cet âge, les amis prennent une grande importance. Le jeu sera d'autant plus agréable s'il est partagé avec un ou des amis. L'enfant demande à inviter des amis à la maison ou à aller chez eux. Bien sûr, il peut jouer seul mais, compte tenu de ses principaux intérêts (jeux de règles, jeux collectifs), il apprécie avoir des partenaires.

Alors qu'à l'âge préscolaire, les amis sont ceux avec qui on a du plaisir sans trop de heurts, dorénavant, l'amitié s'appuie sur des intérêts mutuels, des amis communs. Les amis représentent des modèles, parfois des confidents, mais surtout des partenaires de jeu précieux.

Pendant les premières années scolaires, les amis sont le plus souvent du même sexe que l'enfant bien que, faute de mieux, il lui arrive de jouer avec des enfants de l'autre sexe. Cela changera dans les années à venir.

Vers 9-11 ans, les enfants fondent parfois des clubs secrets requérant un mot de passe et utilisant des codes connus des seuls membres admis. Les rencontres se feront dans la chambre de l'un d'eux, dans une cabane dans le jardin ou dans un arbre.

Intérêts de jeu

L'enfant d'âge scolaire s'intéresse aux tours de magie, aux collections de toutes sortes : billes, timbres, pièces de monnaie, petites autos, figurines, collants. Cela pourra mener à des échanges avec les amis qui partagent la même passion.

Curieux, il aime regarder l'infiniment petit avec une loupe ou, mieux, avec un microscope, ou l'infiniment grand dans un télescope. Il aime patiner, glisser en luge, faire de la gymnastique, se baigner, rouler en trottinette ou en vélo, sauter à la corde. Bricoleur, il se fait tour à tour menuisier, constructeur, peintre.

Le monde imaginaire intéresse toujours l'enfant de cet âge, mais davantage pour élaborer des scénarios que pour sa fascination première. Avec ses amis, il aime créer des scénarios souvent calqués sur la vraie vie, qu'il met en scène avec costumes et décors et qui pourront donner lieu à un spectacle dans le jardin.

Parmi les intérêts de l'enfant de cet âge, se retrouvent également les jeux vidéos qui reposent sur une certaine compétition, que ce soit avec la machine ou avec un partenaire, et qui visent un but précis (passer d'un tableau à un autre pour arriver à sauver quelqu'un ou à amasser le plus de points). Il est sage d'encadrer tant ces activités virtuelles que l'écoute de la télé si on souhaite un horaire équilibré pour l'enfant. Une étude[2] a démontré qu'entre 6 et 12 ans, les heures passées pendant une semaine à courir dehors, à lire ou à bricoler se comptent sur les doigts de la main. Par contre, la moyenne d'heures passées devant la télévision est d'environ 13 heures.

Le jeu à l'adolescence

Que devient le jeu à l'adolescence? Durant cette étape de vie, on peut observer des activités qui se rapprochent du jeu de l'enfant, et d'autres, qui sont plus près des loisirs des adultes. L'adolescent est d'ailleurs en transition entre ces deux mondes.

L'adolescent passe dorénavant moins de temps à la maison: ses centres d'intérêt se déplacent vers l'extérieur de la sphère familiale. D'ailleurs, le groupe d'amis prend une très grande importance[3]. Ils se servent mutuellement de confidents, de miroir, de modèles. Les amis, qui sont dorénavant des deux sexes, permettent à l'adolescent de tester ses opinions, son attitude, sa façon de faire. Cet âge est aussi celui du premier amour.

---

2. J.B. SCHOR. *Born to Buy: the Commercialized Child and the New Consumer Culture.* New York: Scribner, 2004.

3. M. CLAES. *L'univers social des adolescents.* Montréal: Presses de l'Université de Montréal, 2003.

La plupart du temps, les adolescents choisissent leurs amis en fonction d'activités et d'intérêts communs. Amitié et pratique d'activités sont souvent liées : l'adolescent continue ses activités parce que ses amis le font et il maintient ses amitiés en partageant des activités avec eux. Parmi les intérêts partagés par la plupart des adolescents, mentionnons la pratique de sports, la danse, les discussions et la musique.

Il y a bien sûr de nombreuses différences d'un adolescent à un autre : selon ses habiletés et intérêts particuliers, l'un sera plutôt sportif, l'autre davantage intéressé par des activités intellectuelles, appréciant les longues discussions. Un adolescent plus intraverti ou plus individualiste sera fort satisfait de n'avoir qu'un ou deux amis, alors que d'autres se tiendront toujours en groupe.

Roger Caillois[4] a proposé une classification des jeux en quatre catégories que l'on peut observer dès l'adolescence. La première catégorie regroupe les jeux de vertige où l'individu défie les lois de la gravité. Comme l'adolescent aime les sensations fortes et qu'il a habituellement un sentiment d'invulnérabilité, se sentant à l'abri des risques, il apprécie de tels jeux, que ce soit les manèges, le saut à l'élastique (*bungee*), le *rafting*. La vitesse le fascine aussi et, en conséquence, la planche à neige, la moto-neige, les courses de *go-kart* lui plaisent. Il aime également se confronter aux éléments naturels, découvrant les plaisirs de l'escalade, de la navigation ou du camping sauvage.

La deuxième catégorie concerne les déguisements, qui intéressent certains adolescents. Ils sont heureux de jouer un rôle, de se déguiser, que ce soit pour une fête costumée entre amis ou pour une pièce de théâtre à l'école.

La troisième catégorie regroupe les jeux de hasard qui comportent un gain potentiel d'argent et où la victoire repose exclusivement sur la chance. Ces jeux rejoignent bon nombre d'adolescents qui apprécient le frisson qu'ils procurent, pensant faire de l'argent rapidement et pouvoir contrôler le hasard. En 2002[5], au Québec, la moitié des élèves du secondaire avait parié

---

4. R. Caillois. *Les jeux et les hommes*. Paris : Éditions Gallimard, 1958.

5. www.stat.gouv.qc.ca/jeunesse/index_stats.htm

au moins une fois, soit à des loteries instantanées, soit lors de jeux d'argent. On estimait qu'environ 4 à 8 % des adolescents avaient développé une dépendance au jeu.

Enfin, dans la quatrième catégorie, se trouvent les jeux de compétition où le joueur se mesure soit à des adversaires, soit à une machine. Tant les sports que les jeux informatiques favorisent une telle compétition chez les adolescents. Le sport est toujours présent à cet âge, quoiqu'une différence soit observable entre les garçons et les filles. En effet, entre 9 et 16 ans, l'activité physique diminue chez les filles, alors qu'elle se maintient chez les garçons[6]. Comme chez l'enfant plus jeune, l'activité physique favorise la santé de l'adolescent et celle de l'adulte qu'il deviendra. L'écoute de la télé semble avoir un impact sur la pratique d'activités physiques. Moins l'adolescent l'écoute, plus il est actif physiquement. Selon l'Institut Vanier de la famille[7], entre 12 et 17 ans, les adolescents canadiens passent en moyenne 17,3 heures par semaine devant le petit écran, soit environ 2,47 heures par jour.

Quant aux jeux informatiques, les garçons sont particulièrement susceptibles de passer de nombreuses heures devant ceux-ci, voulant rapidement maîtriser le dernier jeu sorti ou établir des records contre l'ordinateur ou contre un partenaire.

À cette étape de grands changements, les adolescents partagent souvent une préoccupation pour leur apparence et pour l'argent. Alors, des activités comme le magasinage, la lecture de revues de mode, la musculation, les visites chez le coiffeur seront présentes dans leur horaire. Ils tenteront de s'habiller, de se coiffer comme leurs idoles, comme les vedettes qu'ils admirent. C'est également la période des premières expériences de travail, à temps partiel, qui permettront à l'adolescent de gagner son argent de poche ou de payer ses études. Il sera camelot, emballeur, caissier, gardien d'enfants. Dans ces emplois, il teste ses intérêts, ses habiletés, ses valeurs.

Durant cette étape de la vie, les adolescents ont encore besoin de leurs parents, quoi qu'ils en disent. Il est important de maintenir

---

6. www.stat.gouv.qc.ca/publications/sante/pdf/enf-ado-4.pdf

7. www.vifamily.ca/library/dyk/dyk_fr.html.

la communication avec l'adolescent, en s'intéressant à ses intérêts, ses préoccupations, ses croyances, ses convictions.

LE SAVIEZ-VOUS ?

Selon le UNESCO Global Study on Media Violence, au moment de terminer ses études secondaires, (soit vers 16-17 ans), l'enfant moyen en Amérique du Nord aura :

- passé 11 000 heures en classe ;
- regardé 15 000 heures de télévision ;
- vu 350 000 messages publicitaires ;
- observé 40 000 morts violentes ;
- écouté 10 500 heures de musique ;
- visionné 400 films.

Le jeu à l'âge adulte

Les loisirs représentent la version adulte du jeu. Pour la majorité de gens, les loisirs sont source de divertissement, de délassement, permettant de se reposer du travail… quand on trouve le temps de s'y adonner. Les loisirs permettant de bouger contribuent à la santé de l'adulte, favorisant une meilleure forme physique, un meilleur sommeil et une bonne relaxation. Les activités relevant davantage de l'esprit influent sur les fonctions intellectuelles, maintenant l'esprit alerte, suscitant la curiosité de connaître ; et les loisirs faits avec des partenaires, eux, favorisent les relations sociales.

Les loisirs de l'adulte, comme le jeu de l'enfant, sont faits pour eux-mêmes, n'ayant pas de fin précise en soi. L'adulte, comme l'enfant d'âge scolaire et comme l'adolescent, a besoin d'équilibre dans ses activités : son horaire devrait contenir tant des activités motrices, qu'intellectuelles et sociales. Les loisirs représentent un secteur d'activité susceptible de contribuer à cet équilibre. Si le travail de la personne est plutôt sédentaire, il serait heureux que ses loisirs soient plutôt physiques. Si la personne travaille seule, des loisirs faits avec d'autres personnes contribuent à maintenir des contacts sociaux.

La classification des jeux proposée par Roger Caillois et présentée plus tôt s'applique aussi aux adultes. Certains seront attirés par les frissons procurés par des activités telles que le saut en parachute, le deltaplane, le ski extrême. D'autres apprécient grandement une fête costumée et participent avec plaisir à celles organisées pour leurs enfants, à l'Halloween par exemple. Les uns aiment les jeux de hasard : aucune soirée entre amis ne saurait se terminer sans une partie de cartes. Pour quelques-uns, l'appât du gain est tel qu'ils risquent de devenir des joueurs pathologiques convaincus de toujours pouvoir regagner ce qu'ils ont perdu. D'autres adultes apprécient particulièrement des jeux de compétition. Cet intérêt envers la compétition peut se concrétiser dans des épreuves sportives (hockey avec des amis, tennis, équipe de quilles, de volleyball…) où forme physique, force musculaire, endurance s'affrontent, ou dans des jeux plus intellectuels mettant la mémoire, l'attention, la capacité d'analyse à contribution (échec, bridge…).

Cette classification n'inclut toutefois pas tous les intérêts possibles de l'adulte. Ainsi, les adultes qui adorent, par exemple, faire des mots croisés, lire, faire de la peinture, jardiner, bricoler ne s'y retrouvent pas. Pas plus d'ailleurs que ceux qui ont une prédilection pour les loisirs passifs comme l'écoute de la télévision ; parmi ceux qui disent s'intéresser beaucoup au sport, plusieurs sont en fait des sportifs de salon, ne ratant aucun match de football ou autre… à la télévision.

Pour cerner la question du jeu chez l'adulte autrement que par une liste d'activités, peut-être doit-on aller au-delà de l'activité même et s'intéresser à l'attitude qui sous-tend ces activités. L'attitude ludique, déjà présentée comme étant l'essence du jeu, est-elle toujours présente à l'âge adulte ? Il y a plusieurs années, une étude avait démontré que l'attitude ludique développée durant l'enfance pouvait devenir un trait de personnalité de l'adulte[8]. En quoi consiste une attitude de jeu à l'âge adulte ? Quel est son impact sur le quotidien ?

Une recherche[9] s'est intéressée à cette question, tentant d'une part de définir l'attitude ludique à l'âge adulte et, d'autre part, d'en déterminer l'utilité. Les résultats de cette étude nous apprennent que les éléments qui caractérisent l'attitude de jeu chez

8. L.S. Barnett. « Characterizing playfulness : correlates with individual attributes and personality traits ». *Play and Culture* 1991 4 : 371-393.

9. P. Guitard, F. Ferland et E. Dutil. « Toward a better understanding of playfulness in adults ». *OTJR : Occupation, Participation and Health* 2005 25 : 9-22.

l'adulte sont très similaires à ceux observés chez l'enfant. En effet, l'adulte qui présente une attitude de jeu manifeste du plaisir, de la spontanéité, de la curiosité, un bon sens de l'humour et de la créativité. Le plaisir ressort toutefois comme point central et est alimenté par les autres éléments. Les adultes qui ont une telle attitude ne la manifesteraient pas que dans les loisirs, mais tout autant dans leur travail et dans leurs autres activités quotidiennes.

Les résultats de cette étude ont aussi identifié l'impact d'une telle attitude sur le quotidien. Il semble que les adultes qui présentent une attitude caractérisée par le plaisir, le sens de l'humour, qui sont spontanés, curieux, créatifs et qui prennent des initiatives, affichent une joie de vivre, un esprit ouvert et ne se prennent pas trop au sérieux. De plus, ces personnes ont plus de facilité à composer avec les difficultés. Devant une situation problématique, ils savent dégager des aspects positifs et trouver des solutions originales. Une telle attitude les aide aussi à s'adapter aux changements.

Avec une telle attitude comme toile de fond pour ses activités, il est évident que le quotidien est plus agréable et moins stressant pour la personne, mais aussi pour son entourage ; il est toujours plaisant de côtoyer ces individus qui semblent avoir du plaisir dans la vie, qui sont curieux de tout, qui dédramatisent les problèmes et qui abordent les difficultés avec humour. Leur bonne humeur est communicative.

Comme adultes, peut-être devrions-nous tenter de cultiver une telle attitude. Alors, tant notre travail que les tâches domestiques seraient plus intéressants. Également, nous pourrions de la sorte servir de modèles à nos enfants et à nos adolescents pour leur faire voir que même si la vie est parfois parsemée d'embûches, elle est par ailleurs tellement agréable et qu'il fait bon la vivre.

Le jeu pour la vie ?

Il semble donc qu'après avoir permis de nombreux apprentissages et le développement d'une attitude positive chez le jeune enfant, le jeu puisse apporter un certain équilibre dans la vie de l'enfant d'âge scolaire. Chez l'adolescent, le jeu côtoie des activités de loisirs témoignant par là même de cette période de transition vers l'âge adulte. Enfin, pour l'adulte, l'essence du jeu semble être l'élément important à retenir : en effet, au-delà des activités elles-mêmes, c'est la présence de l'attitude ludique qui permettrait d'en retirer le plus de plaisir. Et la personne âgée ? Si elle a développé une telle attitude tout au long de sa vie, on peut penser que sa retraite sera agréable et qu'elle percevra sa vie comme une aventure fascinante à vivre intensément au jour le jour.

Qui oserait encore prétendre que le jeu n'est qu'une affaire d'enfants ? N'est-ce pas plutôt la meilleure école de la vie et de la joie de vivre à tout âge de la vie ?

Conclusion

▼

*C'est peut-être l'enfance qui approche
le plus de la « vraie vie ».*

André Breton

*Le jeu, cette activité périphérique, a périclité et
est durement menacé ; ce qu'il en était autrefois est
disparu, ce qu'il est aujourd'hui est essentiellement
une démarche commerciale : la vente de jouets n'est
soumise à aucun contrôle de moralité.*

André Michelet[1]

Rien ne se perd plus facilement que le sens du jeu.

Jim Harrisson

Pourquoi demande-t-on à nos enfants d'agir comme des adultes ? Bien sûr, ils devront le devenir, mais insister pour qu'ils le fassent avant le temps, est-ce le meilleur moyen de les aider à y parvenir ? Si on faisait la moitié du chemin, si on allait à leur rencontre, non pas en redevenant nous-même un enfant, mais en redécouvrant l'enfance grâce au jeu ?

S'intéresser au jeu, c'est s'intéresser à l'enfant tout entier puisque le jeu le rejoint dans sa globalité. Faire l'apologie du jeu, c'est faire l'apologie du plaisir et du moment présent, et c'est vouloir profiter pleinement du temps qui passe. Faire découvrir

---

1. A. MICHELET. *Le jeu de l'enfant - progrès et problèmes*. Québec : OMEP, Ministère de l'Éducation, 1999 : 156.

le plaisir de jouer à son enfant, c'est lui faire découvrir le plaisir de bouger, le plaisir d'être actif, le plaisir d'apprendre, le plaisir de partager une activité amusante avec les autres; c'est lui faire découvrir le plaisir de vivre.

Dans notre société de performance, le jeu peut avoir mauvaise presse auprès de certains et être perçu comme une perte de temps. Si on ne comprend pas les vertus du jeu, on néglige cette vitamine quotidienne extraordinaire pour l'enfant, cette école hors pair de la vie et cette activité d'une rare richesse.

En jouant, l'enfant nous montre qu'il sait bouger, utiliser ses muscles, percevoir ce qui l'entoure, se servir des objets, imaginer des situations, exprimer des sentiments et se relier aux autres. De surcroît, en jouant, l'enfant développe encore davantage ces habiletés. Ce faisant, il construit une confiance de base sur laquelle se grefferont toutes ses réalisations futures. Le jeu n'est pas que le reflet des capacités de l'enfant; il est aussi le moyen par excellence de les développer davantage. L'enfant ne joue pas pour apprendre mais le plus merveilleux, c'est qu'il apprend à différents niveaux, et ce, sans s'en rendre compte et dans le plaisir. Le jeu est véritablement l'instrument privilégié pour permettre l'épanouissement de l'enfant dans les différentes dimensions de sa personne et le développement d'une attitude positive qui pourra l'accompagner tout au long de sa vie.

Plutôt que de retenir les résultats précoces de l'enfant comme preuve de notre compétence parentale, pourquoi ne pas viser sa joie de vivre, sa curiosité et son plaisir d'agir? Avec une telle base, l'enfant a de grandes chances de devenir un adulte bien dans sa peau et heureux de vivre.

Ressources

▼

Livres

ANTIER, E. *Mon bébé joue bien.* Paris: Balland, 1999. 127 p. (Guide France-Info)

BACUS, A. *Bébé joue: les jouets de l'enfant de la naissance à trois ans.* Alleur: Marabout, 1998. 128 p. (Les cahiers de bord)

BACUS, A. *Bébé malin: l'éveil de l'enfant de la naissance à dix-huit mois.* Alleur: Marabout, 1998. 127 p. (Les cahiers de bord)

BERCUT, P. *Le jeu et le jouet.* Montesson: Éd. Novalis, 2004. 93 p.

BIENENSTOCK, M et M BLOCH. *Tout se joue de 0 à 4 ans: activités et jeux d'éveil.* Tournai: Casterman, 2000. 123 p. (Le grand livre de la petite enfance)

BOPP-LIMOGE, C. *L'éveil à l'enfant: enfants/adultes, grandir ensemble.* Lyon: Chronique sociale, 2000. 448 p. (Comprendre les personnes)

EINON, D. *Apprendre en s'amusant: guide pratique du parent attentif pour un enfant épanoui.* Paris: Solar, 2000. 240 p.

EINON, D. *Jouer pour grandir: 2 à 6 ans.* Paris: Hachette, 2003. 114 p.

MASI, Wendy S. *Jouer avec votre bébé.* Saint-Constant: Broquet, 2002. 192 p.

MASI, Wendy S. *Jouer avec votre tout-petit.* Saint-Constant: Broquet, 2002. 192 p.

WARNER, P. *Bébé joue et apprend: 160 jeux et activités pour les enfants de 0 à 3 ans.* Montréal: Éditions de l'Homme, 2000. 188 p.

WOOLFSON, RC. *Bébé malin: 0-15 mois.* Paris: Hachette, 2002. 144 p. (Famille/Santé)

WOOLFSON, RC. *Éveil malin: 15 mois à 3 ans.* Paris: Hachette, 2002. 143 p. (Famille/Santé)

Trousse audiovisuelle

FERLAND, P. MAJOR, A. MORAZAIN-LEROUX, A. et N. VALOIS. *Le jeu, c'est génial !* Montréal, CECOM, 2003. Trousse incluant deux vidéos, un livre, deux guides et un dépliant.

Trousse de sensibilisation à l'importance du jeu pour l'enfant et pour l'adulte à l'intention de groupes de parents ou d'éducateurs des centres de la petite enfance.
Distribué par le CECOM – www.cecom.qc.ca

Sites web

À chaque âge, son coffre à jouets
PetitMonde
www.petitmonde.com/iDoc/Article.asp ?id=16281

Grandir avec le jeu
PetitMonde
www.petitmonde.com/jeu

Le jeu, outil de développement et d'apprentissage
Enfant et Famille Canada
www.cfc-efc.ca/docs/cccf/00005_fr.htm

Les jeux vidéos : conseils aux parents
Réseau Éducation-Médias
www.media-awareness.ca/francais/parents/jeux_video/index.cfm

Jouets : 10 conseils d'achat gagnants
PetitMonde
www.petitmonde.com/iDoc/Article.asp ?id=12061

Les parents dans le monde du jeu
Enfant et Famille Canada
www.cfc-efc.ca/docs/cafrp/00001_fr.htm

Précautions à prendre avec les jouets
Enfance et Famille Canada
www.cfc-efc.ca/docs/cccf/rs026_fr.htm

Sécurité à la maison, au terrain de jeu
SécuriJeunes Canada
www.sickkids.ca/securijeunescanada

Sécurité des jouets
Santé Canada
www.hc-sc.gc.ca/iyh-vsv/prod/toys-jouets_f.html

La valeur du jeu
Enfant et Famille Canada
www.cfc-efc.ca/docs/cccf/00003_fr.htm

Ados! mode d'emploi

Michel Delagrave

Devant le désir croissant d'indépendance de l'adolescent et face à ses choix, les parents développent facilement un sentiment d'impuissance. Dans un style simple et direct, l'auteur leur donne diverses pistes de réflexion et d'action.

ISBN 2-89619-016-3   2005/176 pages

Aide-moi à te parler!
La communication parent-enfant

Gilles Julien

L'importance de la communication parent-enfant, ses impacts, sa force, sa nécessité. Des histoires vécues sur la responsabilité fondamentale de l'adulte: l'écoute, le respect et l'amour des enfants.

ISBN 2-922770-96-6   2004/144 pages

Aider à prévenir le suicide chez les jeunes
Un livre pour les parents

Michèle Lambin

Reconnaître les indices symptomatiques, comprendre ce qui se passe et contribuer efficacement à la prévention du suicide chez les jeunes.

ISBN 2-922770-71-0   2004/272 p.

L'allaitement maternel

Comité pour la promotion
de l'allaitement maternel de l'Hôpital Sainte-Justine

Le lait maternel est le meilleur aliment pour le bébé. Tous les conseils pratiques pour faire de l'allaitement une expérience réussie! (2e édition)

ISBN 2-922770-57-5   2002/104 p.

Apprivoiser l'hyperactivité et le déficit de l'attention

Colette Sauvé

Une gamme de moyens d'action dynamiques pour aider l'enfant hyperactif à s'épanouir dans sa famille et à l'école.

ISBN 2-921858-86-X   2000/96 p.

Au-delà de la déficience physique ou intellectuelle
Un enfant à decouvrir

Francine Ferland

Comment ne pas laisser la déficience prendre toute la place dans la vie familiale? Comment favoriser le développement de cet enfant et découvrir le plaisir avec lui?

ISBN 2-922770-09-5   2001/232 p.

Au fil des jours... après l'accouchement

L'équipe de périnatalité de l'Hôpital Sainte-Justine

Un guide précieux pour répondre aux questions pratiques de la nouvelle accouchée et de sa famille durant les premiers mois suivant l'arrivée de bébé.

ISBN 2-922770-18-4   2001/96 p.

Au retour de l'école...
La place des parents dans l'apprentissage scolaire

Marie-Claude Béliveau

Une panoplie de moyens pour aider l'enfant à développer des stratégies d'apprentissage efficaces et à entretenir sa motivation. (2e édition)

ISBN 2-922770-80-X   2004/280 p.

Comprendre et guider le jeune enfant
À la maison, à la garderie

Sylvie Bourcier

Des chroniques pleines de sensibilité sur les hauts et les bas des premiers pas du petit vers le monde extérieur.

ISBN 2-922770-85-0   2004/168 p.

De la tétée à la cuillère
Bien nourrir mon enfant de 0 à 1 an

Linda Benabdesselam et autres

Tous les grands principes qui doivent guider l'alimentation du bébé, présentés par une équipe de diététistes expérimentées.

ISBN 2-922770-86-9   2004/144 p.

Le développement de l'enfant au quotidien
Du berceau à l'école primaire

Francine Ferland

Un guide précieux cernant toutes les sphères du développement de l'enfant: motricité, langage, perception, cognition, aspects affectifs et sociaux, routines quotidiennes, etc.

ISBN 2-89619-002-3   2004/248 pages

Le diabète chez l'enfant et l'adolescent

Louis Geoffroy, Monique Gonthier et les autres membres de l'équipe de la Clinique du diabète de l'Hôpital Sainte-Justine

Un ouvrage qui fait la somme des connaissances sur le diabète de type 1, autant du point de vue du traitement médical que du point de vue psychosocial.

ISBN 2-922770-47-8   2003/368 p.

Drogues et adolescence
Réponses aux questions des parents
Étienne Gaudet

Sous forme de questions-réponses, connaître les différentes drogues et les indices de consommation, et avoir des pistes pour intervenir.

ISBN 2-922770-45-1   2002/128 p.

En forme après bébé
Exercices et conseils
Chantale Dumoulin

Des exercices et des conseils judicieux pour aider la nouvelle maman à renforcer ses muscles et à retrouver une bonne posture.

ISBN 2-921858-79-7   2000/128 p.

En forme en attendant bébé
Exercices et conseils
Chantale Dumoulin

Des exercices et des conseils pratiques pour garder votre forme pendant la grossesse et pour vous préparer à la période postnatale.

ISBN 2-921858-97-5   2001/112 p.

L'enfant adopté dans le monde
(en quinze chapitres et demi)
Jean-François Chicoine, Patricia Germain et Johanne Lemieux

Un ouvrage complet traitant des multiples aspects de ce vaste sujet : l'abandon, le processus d'adoption, les particularités ethniques, le bilan de santé, les troubles de développement, l'adaptation, l'identité...

ISBN 2-922770-56-7   2003/480 p.

L'enfant malade
Répercussions et espoirs
Johanne Boivin, Sylvain Palardy et Geneviève Tellier

Des témoignages et des pistes de réflexion pour mettre du baume sur cette cicatrice intérieure laissée en nous par la maladie de l'enfant.

ISBN 2-921858-96-7   2000/96 p.

L'estime de soi des adolescents
Germain Duclos, Danielle Laporte et Jacques Ross

Comment faire vivre un sentiment de confiance à son adolescent ? Comment l'aider à se connaître ? Comment le guider dans la découverte de stratégies menant au succès ?

ISBN 2-922770-42-7   2002/96 p.

L'estime de soi des 6 - 12 ans

Danielle Laporte et Lise Sévigny

Une démarche simple pour apprendre à connaître son enfant et reconnaître ses forces et ses qualités, l'aider à s'intégrer et lui faire vivre des succès.
ISBN 2-922770-44-3   2002/112 p.

L'estime de soi, un passeport pour la vie

Germain Duclos

Pour développer des attitudes éducatives positives qui aideront l'enfant à acquérir une meilleure connaissance de sa valeur personnelle. (2ᵉ édition)
ISBN 2-922770-87-7   2004/248 p.

Et si on jouait?
Le jeu durant l'enfance et pour toute la vie

Francine Ferland

Les différents aspects du jeu présentés aux parents et aux intervenants : information détaillée, nombreuses suggestions de matériel et d'activités. (2ᵉ édition)
ISBN 2-89619-35-X   2005/208 p.

Être parent, une affaire de cœur

Danielle Laporte

Des textes pleins de sensibilité, qui invitent chaque parent à découvrir son enfant et à le soutenir dans son développement. Une série de portraits saisissants : l'enfant timide, agressif, solitaire, fugueur, déprimé, etc. (2ᵉ édition)
ISBN 2-89619-021-X   2005/280 p.

Famille, qu'apportes-tu à l'enfant?

Michel Lemay

Une réflexion approfondie sur les fonctions de chaque protagoniste de la famille, père, mère, enfant... et les différentes situations familiales.
ISBN 2-922770-11-7   2001/216 p.

La famille recomposée
Une famille composée sur un air différent

Marie-Christine Saint-Jacques et Claudine Parent

Comment vivre ce grand défi ? Le point de vue des adultes (parents, beaux-parents, conjoints) et des enfants impliqués dans cette nouvelle union.
ISBN 2-922770-33-8   2002/144 p.

Favoriser l'estime de soi des 0 - 6 ans

Danielle Laporte

Comment amener le tout-petit à se sentir en sécurité ? Comment l'aider à développer son identité ? Comment le guider pour qu'il connaisse des réussites ?
ISBN 2-922770-43-5   2002/112 p.

Grands-parents aujourd'hui
Plaisirs et pièges
Francine Ferland

Les caractéristiques des grands-parents du 21ᵉ siècle, leur influence, les pièges qui les guettent, les moyens de les éviter, mais surtout les occasions de plaisirs qu'ils peuvent multiplier avec leurs petits-enfants.

ISBN 2-922770-60-5   2003/152 p.

Guider mon enfant dans sa vie scolaire
Germain Duclos

Des réponses aux questions les plus importantes et les plus fréquentes que les parents posent à propos de la vie scolaire de leur enfant.

ISBN 2-922770-21-4   2001/248 p.

J'ai mal à l'école
Troubles affectifs et difficultés scolaires
Marie-Claude Béliveau

Cet ouvrage illustre des problématiques scolaires liées à l'affectivité de l'enfant. Il propose aux parents des pistes pour aider leur enfant à mieux vivre l'école.

ISBN 2-922770-46-X   2002/168 p.

Les maladies neuromusculaires chez l'enfant et l'adolescent
Sous la direction de Michel Vanasse, Hélène Paré,
Yves Brousseau et Sylvie D'Arcy

Les informations médicales de pointe et les différentes approches de réadaptation propres à chacune des maladies neuromusculaires.

ISBN 2-922770-88-5   2004/376 p.

Le nouveau Guide Info-Parents
Livres, organismes d'aide, sites Internet
Michèle Gagnon, Louise Jolin et Louis-Luc Lecompte

Voici, en un seul volume, une nouvelle édition revue et augmentée des trois *Guides Info-Parents* : 200 sujets annotés.

ISBN 2-922770-70-2   2003/464 p.

Parents d'ados
De la tolérance nécessaire à la nécessité d'intervenir
Céline Boisvert

Pour aider les parents à départager le comportement normal du pathologique et les orienter vers les meilleures stratégies.

ISBN 2-922770-69-9   2003/216 p.

Les parents se séparent...
Pour mieux vivre la crise et aider son enfant
Richard Cloutier, Lorraine Filion et Harry Timmermans

Pour aider les parents en voie de rupture ou déjà séparés à garder espoir et mettre le cap sur la recherche de solutions.

ISBN 2-922770-12-5   2001/164 p.

Santé mentale et psychiatrie pour enfants
Des professionnels se présentent
Bernadette Côté et autres

Pour mieux comprendre ce que font les différents professionnels qui travaillent dans le domaine de la santé mentale et de la pédopsychiatrie : leurs rôles spécifiques, leurs modes d'évaluation et d'intervention, leurs approches, etc.

ISBN 2-89619-022-8   2005/128 p.

La scoliose
Se préparer à la chirurgie
Julie Joncas et collaborateurs

Dans un style simple et clair, voici réunis tous les renseignements utiles sur la scoliose et les différentes étapes de la chirurgie correctrice.

ISBN 2-921858-85-1   2000/96 p.

Le séjour de mon enfant à l'hôpital
Isabelle Amyot, Anne-Claude Bernard-Bonnin, Isabelle Papineau

Comment faire de l'hospitalisation de l'enfant une expérience positive et familiariser les parents avec les différences facettes que comporte cette expérience.

ISBN 2-922770-84-2   2004/120 p.

Tempête dans la famille
Les enfants et la violence conjugale
Isabelle Côté, Louis-François Dallaire et Jean-François Vézina

Comment reconnaître une situation où un enfant vit dans un contexte de violence conjugale ? De quelle manière l'enfant qui y est exposé réagit-il ? Quelles ressources peuvent venir en aide à cet enfant et à sa famille ?

ISBN 2-89619-008-2   2004/144 p.

Les troubles anxieux expliqués aux parents
Chantal Baron

Quelles sont les causes de ces maladies et que faire pour aider ceux qui en souffrent ? Comment les déceler et réagir le plus tôt possible ?

ISBN 2-922770-25-7   2001/88 p.

Les troubles d'apprentissage : comprendre et intervenir

Denise Destrempes-Marquez et Louise Lafleur

Un guide qui fournira aux parents des moyens concrets et réalistes pour mieux jouer leur rôle auprès de l'enfant ayant des difficultés d'apprentissage.

ISBN 2-921858-66-5   1999/128 p.

Votre enfant et les médicaments : informations et conseils

Catherine Dehaut, Annie Lavoie, Denis Lebel,
Hélène Roy et Roxane Therrien

Un guide précieux pour informer et conseiller les parents sur l'utilisation et l'administration des médicaments. En plus, cent fiches d'information sur les médicaments les plus utilisés.

ISBN 2-89619-017-1   2005/336 p.